觀物內外篇

探索天地之道 洞察萬物之心

〔宋〕邵 雍 著
楚豫亭 譯

古籍書局
THE ANCIENT WORKS BOOK LIMITED

觀物內外篇

作　　者：（宋）邵雍　著；楚豫亭　譯

責任編輯：謙　和

裝幀設計：抱一工作室

出　　版：古籍書局有限公司

香港尖沙咀金巴利道 53 號

E-MAIL：qiandedushu@qq.com

發　　行：香港聯合書刊物流有限公司

香港新界荃灣德士古道 220-248 號荃灣工業中心 16 樓

印　　刷：深圳市精一瑞蘭印刷有限公司

深圳市龍崗區南嶺龍山工業區 25 號 1-3

版　　次：2025 年 3 月第 1 版第 3 次印刷

定　　價：HK$ 68.00　NT$ 306.00

ISBN　978-988-70850-8-9

Published in Hong Kong，China

導讀

安樂窩中一部書，號雲皇極意何如？
春秋禮樂能遺則，父子君臣可廢乎？
浩浩羲軒開闢後，巍巍堯舜協和初。
炎炎湯武干戈外，恟恟桓文弓劍餘。
日月星辰高照耀，皇王帝伯大鋪舒。
幾千百主出規制，數億萬年成楷模。
治久便憂強跋扈，患深仍念惡驅除。
才堪命世有時有，智可濟時無世無。
既往盡歸閒指點，未來須俟別枝梧。
不知造化誰為主，生得許多奇丈夫。

這是北宋時期儒學大家邵康節先生所作七律《安樂窩中一部書》，當時康節先生將自己的隱居之所命名為「安樂窩」，並自號「安樂先生」，以著書立說為樂。這首七律是康節先生對《皇極經世書》進行的自我評價。其中《觀物內外篇》便是《皇極經世書》中最為精華的部分，也是康節先生重要的哲學著作之一。這部書不僅蘊含了邵康節先生對宇宙、自然、人生和社會的深刻洞察，更體

現了他獨特的「觀物」哲學思想。通過《觀物內外篇》，我們可以一窺邵康節先生的哲學智慧，感受他對於天地萬物的深邃思考和獨特見解。

一、邵雍生平

邵雍（1011—1077），字堯夫，自號安樂先生、伊川翁等，謚康節，後世尊為「康節先生」。他生於北宋時期，是著名的理學家、數學家、詩人，與周敦頤、張載、程顥、程頤並稱「北宋五子」。

康節先生的出生地有不同說法，一說生於范陽（今河北涿州大邵村），另一說生於林縣上桿莊（今河南林州市劉家街村邵康莊）。幼年時期，他隨父親邵古遷往衡漳（今河南林縣康節村），後在天聖四年（1026），隨父遷居衛州共城（今河南輝縣），定居於蘇門山。

康節先生年少時才智出眾，慷慨激揚地欲求取功名。他刻苦讀書，幾乎無書不讀，並對自己要求嚴格。為了磨練意志力，他「始學於百原，勤苦刻厲，冬不爐，夏不扇，夜不就席者數年，衛人賢之」。在苦讀中，他接受了《先天圖》和先天之學，並悟出「先天學，主乎誠。志誠可以通神明，不誠則不可以得道。」他意識到修習心法的關鍵在於「至誠」。讀書之餘他還遊歷黃河、汾河、淮河、江漢流域，考察西周的分封國遺址，在遊歷中悟出「道在是矣」。

康節先生在共城時期，結識了時任共城縣令的李之才（字挺之）。李之才聽說邵雍好學，便傳授他《河圖》《洛書》與伏羲八

卦等學問。康節先生在學習這些經典時，能夠妙悟、洞徹其內涵，最終學有所成。

康節先生的學術成就斐然，他著有《皇極經世》《觀物內外篇》《先天圖》《漁樵問對》《伊川擊壤集》《梅花詩》等作品。這些著作不僅展現了他深厚的易學造詣，還體現了他在理學、數學、文學等多個領域的貢獻。

宋仁宗皇祐元年（1049），康節先生定居洛陽。初到洛陽時，他的生活條件艱苦，以打柴為生，親自燒火做飯以侍奉父母。然而，他仍舊怡然自得，過著簡樸而自在的生活。嘉祐七年（1062），康節先生移居洛陽天宮寺西天津橋南，自耕自種，過上了自給自足的生活。在此期間，他結識了眾多好友，包括前宰相富弼、司馬光、著名詩詞家呂公著等，他們共同為康節先生置辦了宅邸。康節先生對新居甚為滿意並為新宅起名為「安樂窩」，自號「安樂先生」。自此，他在「安樂窩」度過了十五年的光景。

康節先生德行高尚，待人誠懇，無論貴賤都一視同仁。他與人交談時喜歡說人家的長處而不喜歡說別人的缺點，因此深受人們的尊敬和愛戴。他的德行也感化了周圍的人，使得洛陽地區一時人才輩出，忠厚之風聞天下。

熙寧十年（1077），康節先生的生命即將走到終點，儘管病痛日益加重，身體每況愈下，他依舊恪守「窮理盡性，以至於命」的人生理想。在生命的最後關頭寫下「生於太平世，長於太平世。老於太平世，死於太平世。客問年幾何，六十有七歲。俯仰天地間，浩然無所愧。」當夜，先生安然逝世，終年六十七歲。他去世後得到了

朝廷的追贈和賜謚，宋哲宗元祐中賜謚康節。其子邵伯溫遵遺囑將父親葬於洛陽伊川縣平等鄉伊水濱的紫荊山下，至今仍為後人所敬仰。

康節先生的學術成就對後世產生了深遠的影響。他的易學思想、理學觀念以及數學造詣都被後人廣泛研究和傳承。同時，他的詩作也以其獨特的哲理性和抒情性而備受讚譽。

康節先生一生對於「四」極其鍾愛。康節先生在《林下局事吟》一詩中提出了「閒人」也有「官守」，人守「四事」，即「一事承曉露看花，一事迎晚風觀柳。一事對皓月吟詩，一事留佳賓飲酒。」這「四事」集中體現了邵雍對自然美景的熱愛和對閒適生活的嚮往。康節先生還在詩歌《安樂窩中四長吟》中，明確表達了自己最得意的「四物」，即一編詩、一部書、一炷香、一樽酒。這四物不僅是他的日常伴侶，更是他精神世界的寄託。

康節先生在詩作《四道吟》中表達對世間萬物的變化和人生的起伏感慨。詩中提到「四道」，即天道，指的是宇宙的規律和天命，它有時興盛，有時衰退。地道，指的是自然環境和地勢，有時平坦，有時險阻。人道，指的是人的世界，有時興旺，有時衰落。物道，指的是物質世界，有時繁榮，有時凋零。通過「四道」的對比，邵雍展現了世間事物的無常和變化，提醒人們要以平和的心態去面對生活中的起伏和變化。

《四喜》一詩更是體現了「四」在康節先生心中的獨特地位：

一喜長年為壽域，二喜豐年為樂國，三喜清閒為福德，四喜安康為福力。通過「四喜」，邵雍描繪了人們追求幸福的不同方面，提

醒人們要關注自己的健康、內心的平和以及社會的繁榮，這樣才能真正體驗到幸福的力量。

此外，康節先生還創作了《四可吟》：「可勉者行，可信者言。可委者命，可託者天。」《四不可吟》：「言不可妄，行不可隳。命不可忽，天不可違。」

康節先生對於「四」的鍾愛大抵源於《易經》。所謂「易有太極，是生兩儀，兩儀生四象，四象生八卦……」四象「太陽、少陰、少陽、太陰」是一個陰與陽不斷分化與組合的過程，而「四」是宇宙生成和演化的重要數字。

康節先生的哲學思想深受《周易》和道家思想的影響。他強調通過觀察事物來體悟宇宙人生的真理，認為萬物皆有理，理是宇宙萬物的根本法則。同時，他也注重內心的修養和實踐的重要性，認為只有通過內心的體悟和實踐才能真正把握宇宙人生的真理。

二、何為「觀物」？

筆者觀點，無論是《皇極經世書》《擊壤集》還是《漁樵問對》《無名君傳》都以「窮理盡性，以至於命」為核心，這是學習「觀物」的關鍵所在。那甚麼是「物」？在《觀物內篇》中，康節先生做了詮釋：「物之大者，無若天地」，「然則人亦物也」，因此「天」「地」「人」皆為物也。這也印證了一句易理：「其大無外，其小無內。」那甚麼是「觀」？「窮理盡性，以至於命」便是「觀」。怎樣

「觀」?「能以一心觀萬心,一身觀萬身,一物觀萬物,一世觀萬世」,「能以心代天意,口代天言,手代天功,身代天事」,「能以上識天時,下盡地理,中盡物情,通照人事」,「能以彌綸天地,出入造化,進退古今,表裏人物」,總結起來便是「不以我觀物,以物觀物」。

如何能達到「以物觀物」的境界呢?康節先生也給出了答案,他推崇孔子「四絕」,即「子絕四,毋意,毋必,毋固,毋我」。其中又以「毋我」為核心,即「事體極時觀道妙,人情盡處看天機。」概括為六個字:極事體、盡人情。

同時,康節先生極為看重「慎獨」,他曾說:「思慮一萌,鬼神得而知之矣,故君子不可不慎獨」,告誡君子應當修心,達到「俯仰天地間,浩然無所愧」的境界,才能「窮理盡性,以至於命」。

《觀物內外篇》作為《皇極經世書》的精髓所在,我們有義務有責任進行挖掘整理,並傳諸後世,為了讀者能夠更為深刻地理解《觀物內外篇》,本書將《觀物篇》內容譯為白話文,以期在譯本的引導下,踐行「人能弘道」的歷史責任,不斷向康節先生靠攏,達到「樂天知命」的人生境界。筆者在翻譯過程中,雖然傾注了極大的熱情與努力,力求準確傳達原著的精髓與意蘊,但受限於個人的學識與理解,難免會有疏漏與不足,尚祈讀者批評指正。

目錄

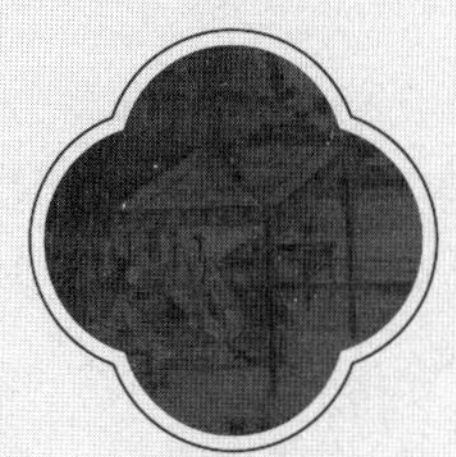

觀物內篇　上

第一篇

物之大者，無若天地，然而亦有所盡也。天之大，陰陽盡之矣；地之大，剛柔盡之矣。陰陽盡而四時成焉，剛柔盡而四維成焉。夫四時四維者，天地至大之謂也。凡言大者，無得而過之也，亦未始以大為自得，故能成其大，豈不謂至偉至偉者歟？

天，生於動者也；地，生於靜者也。一動一靜交而天地之道盡之矣。

動之始，則陽生焉；動之極，則陰生焉。一陰一陽交而天之用盡之矣。靜之始，則柔生焉；靜之極，則剛生焉。一柔一剛交而地之用盡之矣。

動之大者，謂之太陽；動之小者，謂之少陽；靜之大者，謂之太陰；靜之小者，謂之少陰。太陽為日，太陰為月，少陽為星，少陰為辰。日月星辰交而天之體盡之矣。靜之大者，謂之太柔；靜之小者，謂之少柔；動之大者，謂之太剛；動之小者，謂之少剛。太柔為水，太剛為火，少柔為土，少剛為石。水火土石交而地之體盡之矣。日為暑，月為寒，星為晝，辰為夜。暑寒晝夜交而天之變盡之

物體的廣大，沒有能超過天地的，但它們也有其極限。天的廣大，是陰陽變化的極限；地的廣大，是剛柔變化的極限。陰陽的變化達到極致四季便形成了，剛柔的變化達到極致四方便形成了。這四季和四方，就是所謂的天地極其廣大。凡是說到廣大，沒有能超過天地的，天地也未曾因為自己的廣大而自滿，所以能夠成就天地的廣大，這難道不是極其偉大至為偉大的嗎？

天，在運動中產生；地，在靜止中產生。一動一靜相互作用就把天地的運行法則完全體現出來了。

運動的開始，陽氣就產生了；運動達到極限，陰氣就產生了。一陰一陽相互作用就把天的功用完全體現出來了。靜止的開始，柔就產生了；靜止達到極限，剛就產生了。一柔一剛相互作用就把地的功用完全體現出來了。

運動中最宏大的，稱之為太陽；運動中較小的，稱之為少陽；靜止中最宏大的，稱之為太陰；靜止中較小的，稱之為少陰。太陽對應的是日，太陰對應的是月，少陽對應的是星，少陰對應的是辰。日月星辰相互作用就把天的本質完全體現出來了。靜止中最宏大的，稱之為太柔；靜止中較小的，稱之為少柔；運動中最宏大的，稱之為太剛；運動中較小的，稱之為少剛。太柔對應的是水，太剛對應的是火，少柔對應的是土，少剛對應的是石。水火土石相互作用就把地

矣。水為雨，火為風，土為露，石為雷。雨風露雷交而地之化盡之矣。暑變物之性，寒變物之情，晝變物之形，夜變物之體。性情形體交而動植之感盡之矣。雨化物之走，風化物之飛，露化物之草，雷化物之木。走飛草木交而動植之應盡之矣。

走，感暑而變者，性之走也；感寒而變者，情之走也；感晝而變者，形之走也；感夜而變者，體之走也。飛，感暑而變者，性之飛也；感寒而變者，情之飛也；感晝而變者，形之飛也；感夜而變者，體之飛也。草，感暑而變者，性之草也；感寒而變者，情之草也；感晝而變者，形之草也；感夜而變者，體之草也。木，感暑而變者，性之木也；感寒而變者，情之木也；感晝而變者，形之木也；感夜而變者，體之木也。性，應雨而化者，走之性也；應風而化者，飛之性也；應露而化者，草之性也；應雷而化者，木之性也。情，應雨而化者，走之情也；應風而化者，飛之情也；應露而化者，草之情也；應雷而化者，木之情也。形，應雨而化者，走之形也；應風而化者，飛之形也；應露而化者，草之形也；應雷而化者，木

的本質完全體現出來了。日代表暑熱，月代表寒冷，星代表白晝，辰代表黑夜。暑熱、寒冷、白晝、黑夜相互作用就把天的變化完全體現出來了。水表現為雨，火表現為風，土表現為露，石表現為雷。雨、風、露、雷相互作用就把地的化生完全體現出來了。暑熱能改變萬物的屬性，寒冷能改變萬物的習性，白晝能改變萬物的形態，黑夜能改變萬物的內在。屬性、習性、形態、內在相互作用就把動植物對自然的感知完全體現出來了。雨化生萬物使其進行地面遷徙，風化生萬物使其進行空中遷徙，露化生萬物使其生根發芽，雷化生萬物使其不斷成長。地面遷徙、空中遷徙、生根發芽、不斷成長相互作用就把動植物順應自然的本質完全體現出來了。

地面遷徙，萬物因感知暑熱而產生的變化，是其屬性的改變；萬物因感知寒冷而產生的變化，是其情感的改變；萬物因感知白晝而產生的變化，是其形態的改變；萬物因感知黑夜而產生的變化，是其內在的改變。空中遷徙，萬物因感知暑熱而產生的變化，是其飛翔屬性的體現；萬物因感知寒冷而產生的變化，是其飛翔習性的體現；萬物因感知白晝而產生的變化，是其飛翔形態的體現；萬物因感知黑夜而產生的變化，是其飛翔內在的體現。生根發芽，萬物因感知暑熱而產生的變化，是其生根屬性的表現；萬物因感知寒冷而產生的變化，是其生根習性的表現；萬物因感知白晝而產生的變化，是其生根形態的表現；萬物因感知黑夜而產生的變化，是其生根內在的表現。不斷成長，因感知暑熱而產生的變化，是其成長屬性的展現；萬物因感知寒冷而產生變化，是其成長習性的展現；萬物因感知白晝而產生的變化，是其成長形態的展現；萬物因感知黑夜而產生的變化，是其成長內在質的展現。關於屬性，順應雨而化生的，是地面遷徙的

之形也。體，應雨而化者，走之體也；應風而化者，飛之體也；應露而化者，草之體也；應雷而化者，木之體也。

性之走善色，情之走善聲，形之走善氣，體之走善味。性之飛善色，情之飛善聲，形之飛善氣，體之飛善味。性之草善色，情之草善聲，形之草善氣，體之草善味。性之木善色，情之木善聲，形之木善氣，體之木善味。走之性善耳，飛之性善目，草之性善口，木之性善鼻。走之情善耳，飛之情善目，草之情善口，木之情善鼻。走之形善耳，飛之形善目，草之形善口，木之形善鼻。走之體善耳，飛之體善目，草之體善口，木之體善鼻。夫人也者，暑寒晝夜無不變，雨風露雷無不化，性情形體無不感，走飛草木無不應。所以目善萬物之色，耳善萬物之聲，鼻善萬物之氣，口善萬物之味。靈於萬物，不亦宜乎？

屬性；順應風而化生的，是空中遷徙的屬性；順應露而化生的，是生根發芽的屬性；順應雷而化生的，是不斷成長的屬性。關於習性，順應雨而化生的，是地面遷徙的習性；順應風而化生的，是空中遷徙的習性；順應露而化生的，是生根發芽的習性；順應雷而化生的，是不斷成長的習性。關於形態，順應雨而化生的，是地面遷徙的形態；順應風而化生的，是空中遷徙的形態；順應露而化生的，是生根發芽的形態；順應雷而化生的，是不斷成長的形態。關於內在，順應雨水而化生的，是地面遷徙的本質；順應風而化生的，是空中遷徙的本質；順應露而化生的，是生根發芽的本質；順應雷而化生的，是不斷成長的本質。

在地面遷徙的屬性偏好色彩，在地面遷徙的習性偏好聲音，在地面遷徙的形態偏好氣息，在地面遷徙的本質偏好味道。在空中遷徙的屬性偏好色彩，在空中遷徙的習性偏好聲音，在空中遷徙的形態偏好氣息，在空中遷徙的本質偏好味道。生根發芽的屬性偏好色彩，生根發芽的習性偏好聲音，生根發芽的形態偏好氣息，生根發芽的本質偏好味道。不斷成長的屬性偏好色彩，不斷成長的習性偏好聲音，不斷成長的形態偏好氣息，不斷成長的本質偏好味道。地面遷徙的屬性聽覺敏銳，空中遷徙的屬性視覺靈敏，生根發芽的屬性善於發聲，不斷成長的屬性氣味獨特。地面遷徙的習性聽覺敏銳，空中遷徙的習性視覺超群，生根發芽的習性善於發聲，不斷成長的習性氣味獨特。地面遷徙的形態聽覺靈敏，空中遷徙的形態視覺超群，生根發芽的形態善於發聲，不斷成長的形態氣味獨特。地面遷徙的本質聽覺靈敏，空中遷徙的本質視覺超群，生根發芽的本質善於發聲，不斷成長的本質氣味獨特。說到人類，沒有不根據暑寒晝夜變化的，沒有不根

據雨風露雷化生的，沒有不感知性情形體的，沒有不順應走飛草木的。因此人類能夠通過眼睛觀察萬物的色彩，通過耳朵聆聽萬物的聲音，通過鼻子嗅聞萬物的氣息，通過嘴巴品嘗萬物的味道。人類比萬物更有靈性，不也是理所當然的嗎？

第二篇

人之所以能靈於萬物者，謂其目能收萬物之色，耳能收萬物之聲，鼻能收萬物之氣，口能收萬物之味。聲色氣味者，萬物之體也；目耳鼻口者，萬人之用也。體無定用，惟變是用；用無定體，惟化是體。體用交而人物之道於是乎備矣。

然則人亦物也，聖亦人也。有一物之物，有十物之物，有百物之物，有千物之物，有萬物之物，有億物之物，有兆物之物。為兆物之物，豈非人乎？有一人之人，有十人之人，有百人之人，有千人之人，有萬人之人，有億人之人，有兆人之人。為兆人之人，豈非聖乎？是知人也者，物之至者也；聖也者，人之至者也。物之至者，始得謂之物之物也；人之至者，始得謂之人之人也。夫物之物者，至物之謂也；人之人者，至人之謂也。以一至物而當一至人，則非聖人而何？人謂之不聖，則吾不信也。何哉？謂其能以一心觀萬心，一身觀萬身，一物觀萬物，一世觀萬世者焉。又謂其能以心代天意，口代天言，手代天

人類之所以能比萬物更有靈性，是因為人類的眼睛能夠接收萬物的色彩，耳朵能夠接收萬物的聲音，鼻子能夠接收萬物的氣味，嘴巴能夠品嘗萬物的味道。聲色氣味，是萬物的本質；目耳鼻口，是人類用來感知萬物本質的工具。萬物的本質沒有固定的功用，只有變化才是其功用；感知的工具也沒有固定對應的本質，只有隨著變化而適應才是其本質。當萬物的本質與人類的感知功用相互作用時人與物的道理便因此而完備了。

然而人也是萬物的一種，聖人也是人類的一種。有只能承載一種事物的物，有能承載十種事物的物，有能承載百種事物的物，有能承載千種事物的物，有能承載萬種事物的物，有能承載億種事物的物，有能承載兆種事物的物。能承載兆種事物的，難道不是人嗎？有只能容納一人之人，有能容納十人之人，有能容納百人之人，有能容納千人之人，有能容納萬人之人，有能容納億人之人，有能容納兆人之人。能容納兆人之人，難道不是聖人嗎？由此可知人，是物中最高級的；聖人，是人中最高級的。物中最高級的，才能稱之為真正的物；人中最高級的，才能稱之為真正的人。所謂真正的物，是指至極的物；所謂真正的人，是指至聖的人。以一個至極的物對應一個至聖的人，那除了聖人還能是甚麼呢？如果有人說他不是聖人，那我是不會相信的。為甚麼呢？因為聖人能以自己的一顆心觀照萬人的心，以自己的

功，身代天事者焉。又謂其能以上順天時，下應地理，中徇物情，通盡人事者焉。又謂其能以彌綸天地，出入造化，進退今古，表裏人物者焉。

噫！聖人者，非世世而效聖焉，吾不得而目見之也。雖然吾不得而目見之，察其心，觀其跡，探其體，潛其用，雖億萬千年亦可以理知之也。人或告我曰：「天地之外，別有天地萬物，異乎此天地萬物。」則吾不得而知之也。非唯吾不得而知之也，聖人亦不得而知之也。凡言知者，謂其心得而知之也；言言者，謂其口得而言之也。既心尚不得而知之，口又惡得而言之乎？以不可得知而知之，是謂妄知也；以口不可得言而言之，是謂妄言也。吾又安能從妄人而行妄知妄言者乎？

一個身體觀照萬人的身體，以一種事物觀照萬種事物，以一個時代觀照萬個時代。又說聖人能以自己的心替上天傳達意圖，以自己的口替上天表達思想，以自己的手替上天完成功業，以自己的身體替上天踐行事務。還說聖人能夠在上順應天時，在下符合地理，在中間遵循人心情理，通曉並盡人力所能為之事。又說聖人是能夠涵蓋天地之道，出入於自然造化之中，往來於古今之際，透徹了解人情事理的人。

唉！所謂聖人，並不是每一世都出現並且表現出聖明的，所以我無法親眼見到他們。雖然我無法親眼見到，但通過觀察他們的思想，考察他們的行跡，探究他們的本質，潛思他們的功用，即使相隔億萬千年也可以通過聖人之理來認識他們。如果有人告訴我：「天地之外，另有天地萬物，與這個天地萬物不同。」那麼我便不得而知了。不僅我不知道，聖人也不知道。凡是說知道的，都是指通過心來通曉天地之道的；說到言語，都是指通過口來表達出來的。既然心裏尚且無法得知，口又怎麼能說出來呢？把心中無法得知的當作已經知道的，這叫做妄知；把口中無法說出的當作已經說出的，這叫做妄言。我又怎麼能跟從那些妄人去做妄知妄言的事呢？

第三篇

《易》曰：「窮理盡性，以至於命。」所以謂之理者，物之理也；所以謂之性者，天之性也；所以謂之命者，處理、性者也。所以能處理、性者，非道而何？是知道為天地之本，天地為萬物之本。以天地觀萬物，則萬物為萬物；以道觀天地，則天地亦為萬物。道之道，盡之於天矣；天之道，盡之於地矣；天地之道，盡之於萬物矣；天地萬物之道，盡之於人矣。人能知其天地萬物之道所以盡於人者，然後能盡民也。

天之能盡物，則謂之曰昊天；人之能盡民，則謂之曰聖人。謂昊天能異乎萬物，則非所以謂之昊天也；謂聖人能異乎萬民，則非所以謂之聖人也。萬民與萬物同，則聖人固不異乎昊天者矣。然則聖人與昊天為一道。聖人與昊天為一道，則萬民與萬物亦可以為一道。一世之萬民與一世之萬物既可以為一道，則萬世之萬民與萬世之萬物亦可以為一道也明矣。

夫昊天之盡物，聖人之盡民，皆有四府焉。昊天之四府者，春夏秋冬之謂也，陰陽升降於其間矣；聖人之四府者，《易》《書》《詩》《春秋》之謂也，禮樂污隆於其

《易經》上說：「窮究天下萬物的根本原理，徹底洞明人類的心體自性，最終通達天命。」這裏所說的理，是指事物的規律；所說的性，是指上天的本性；所說的命，是掌握天理、本性的。所以能夠掌握天理、本性的，難道不是道嗎？由此可知，道是天地的根本，天地則是萬物的根本。從天地的角度觀察萬物，萬物只是萬物；從道的角度看待天地，天地也屬於萬物。道的法則，窮盡於上天；天的法則，窮盡於大地；天地之間的法則，窮盡於萬物；天地萬物的法則，窮盡於人。人只有理解了天地萬物的法則如何窮盡於人，然後才能治理好民眾。

天如果能夠包容滋養萬物，則稱之為昊天；人如果能夠治理造福萬民，則稱之為聖人。如果說昊天能超脫於萬物之外，那就不是我們所稱的昊天了；如果說聖人能超脫於萬民之外，那也就不是我們所稱的聖人了。萬民與萬物在本質上相同，所以聖人實際上與昊天並沒有區別。既然聖人與昊天同為一道，那麼萬民與萬物也可以視作同為一道。一世的萬民與一世的萬物既然可以視作同為一道，那麼歷代的萬民與歷代的萬物同樣可以視作同為一道是顯而易見的。

昊天包容滋養萬物，聖人治理造福萬民，都是通過四府來實現的。昊天的四府，是春夏秋冬四季，其間陰陽升降交替；聖人的四府，是《易經》《尚書》《詩經》《春秋》四部經典，其間禮樂興衰更替。春天是萬物萌生的府庫，夏天

間矣。春為生物之府，夏為長物之府，秋為收物之府，冬為藏物之府。號物之庶謂之萬，雖曰萬之又萬，其庶能出此昊天之四府者乎？《易》為生民之府，《書》為長民之府，《詩》為收民之府，《春秋》為藏民之府。號民之庶謂之萬，雖曰萬之又萬，其庶能出此聖人之四府者乎？昊天之四府者，時也；聖人之四府者，經也。昊天以時授人，聖人以經法天。天人之事，當如何哉？

是萬物成長的府庫，秋天是萬物收穫的府庫，冬天是萬物儲藏的府庫。號稱萬物之多達到萬數，但世間事物何止萬種，又怎能超出昊天這四季的府庫呢？《易經》是教導民眾如何生存的府庫，《尚書》是引導民眾成長的府庫，《詩經》是收集民眾文化情感的府庫，《春秋》是記載民眾歷史的府庫。號稱民眾之多達到萬數，但世上民眾又何止萬人，又怎能超出聖人這四部經典的府庫呢？昊天的四府，是時間的表現；聖人的四府，是經典的體現。昊天將時令法則教授於人，聖人通過經典效法天道。天與人之間的關係，應當如何處理呢？

第四篇

觀春，則知《易》之所存乎；觀夏，則知《書》之所存乎；觀秋，則知《詩》之所存乎；觀冬，則知《春秋》之所存乎。

《易》之《易》者，生生之謂也；《易》之《書》者，生長之謂也；《易》之《詩》者，生收之謂也；《易》之《春秋》者，生藏之謂也。《書》之《易》者，長生之謂也；《書》之《書》者，長長之謂也；《書》之《詩》者，長收之謂也；《書》之《春秋》者，長藏之謂也。《詩》之《易》者，收生之謂也；《詩》之《書》者，收長之謂也；《詩》之《詩》者，收收之謂也；《詩》之《春秋》者，收藏之謂也；《春秋》之《易》者，藏生之謂也；《春秋》之《書》者，藏長之謂也；《春秋》之《詩》者，藏收之謂也；《春秋》之《春秋》者，藏藏之謂也。

生生者，修夫意者也；生長者，修夫言者也；生收者，修夫象者也；生藏者，修夫數者也。長生者，修夫仁者也；長長者，修夫禮者也；長收者，修夫義者也；長藏

觀察春天，就能理解《易經》所蘊含的道理；觀察夏天，就能理解《尚書》所記載的內容；觀察秋天，就能體會《詩經》所表達的情感；觀察冬天，就能領悟《春秋》所記載的歷史規律。

《易經》中包含《易經》的道理，代表生生不息的意思；《易經》中蘊含《尚書》的道理，代表生長發展的意思；《易經》中蘊含《詩經》的意境，代表生長收穫的意思；《易經》中蘊含《春秋》的精神，代表生長蘊藏的意思。《尚書》中蘊含《易經》的精神，代表永恒不朽的意思；《尚書》中包含《尚書》的道理，代表長久成長的意思；《尚書》中蘊含《詩經》的意境，代表長久收穫的意思；《尚書》中蘊含《春秋》的精神，代表長久蘊藏的意思。《詩經》中蘊含《易經》的精神，代表收穫後新生；《詩經》中蘊含《尚書》的道理，代表收穫後成長；《詩經》中包含《詩經》的意境，代表不斷收穫；《詩經》中蘊含《春秋》的精神，代表收穫後蘊藏。《春秋》中蘊含《易經》的精神，代表蘊藏後新生；《春秋》中蘊含《尚書》的道理，代表蘊藏後成長；《春秋》中蘊含《詩經》的意境，代表蘊藏後收穫；《春秋》中包含《春秋》的道理，代表不斷蘊藏。

生生不息的境界，是修養意志的；生長發展的境界，是修養言辭的；生長收穫的境界，是修養形象的；生長蘊藏的境界，是修養策略的。長久生存的境界，是修養仁愛之心的；長久發展的境界，是修養禮儀的；長久收穫的境界，是

者，修夫智者也。收生者，修夫性者也；收長者，修夫情者也；收收者，修夫形者也；收藏者，修夫體者也。藏生者，修夫聖者也；藏長者，修夫賢者也；藏收者，修夫才者也；藏藏者，修夫術者也。

修夫意者，三皇之謂也；修夫言者，五帝之謂也；修夫象者，三王之謂也；修夫數者，五伯之謂也。修夫仁者，有虞之謂也；修夫禮者，有夏之謂也；修夫義者，有商之謂也；修夫智者，有周之謂也。修夫性者，文王之謂也；修夫情者，武王之謂也；修夫形者，周公之謂也；修夫體者，召公之謂也。修夫聖者，秦穆之謂也；修夫賢者，晉文之謂也；修夫才者，齊桓之謂也；修夫術者，楚莊之謂也。

皇帝王伯者，《易》之體也；虞夏商周者，《書》之體也；文武周召者，《詩》之體也；秦晉齊楚者，《春秋》之體也。意言象數者，《易》之用也；仁義禮智者，《書》之用也；性情形體者，《詩》之用也；聖賢才術者，《春秋》之用也。用也者，心也；體也者，跡也。心跡之間，有權存焉者，聖人之事也。

修養道義的；長久蘊藏的境界，是修養智慧的。收獲新生的階段，是修養本性的；收穫成長的階段，是修養情感的；不斷收穫的階段，是修養形態的；收穫蘊藏的階段，是修養內在的。蘊藏新生的境界，是修養聖明之德的；蘊藏成長的境界，是修養賢良之質的；蘊藏收穫的境界，是修養才能的；不斷蘊藏的境界，是修養技藝的。

修養意念的，指的是三皇的境界；修養言辭的，指的是五帝的境界；修養象徵的，指的是三王的境界；修養技藝的，指的是五霸的境界。修養仁愛的，指的是有虞氏的境界；修養禮儀的，指的是有夏氏的境界；修養道義的，指的是有商氏的境界；修養智慧的，指的是有周氏的境界。修養本性的，指的是周文王的境界；修養情感的，指的是周武王的境界；修養形態的，指的是周公旦的境界；修養內在的，指的是周召公的境界。修養聖明之德的，指的是秦穆公的境界；修養賢良之質的，指的是晉文公的境界；修養才能的，指的是齊桓公的境界；修養技藝方法的，指的是楚莊王的境界。

三皇五帝、三王五霸，是《易經》的本質體現；虞、夏、商、周，是《尚書》的本質體現；文王、武王、周公、召公，是《詩經》的本質體現；秦、晉、齊、楚，是《春秋》的本質體現。意念、言辭、象徵、數術，是《易經》的實際功用；仁、義、禮、智，是《尚書》的實際功用；屬性、習性、形態、內在，是《詩經》的實際功用；聖明、賢良、才能、技藝，是《春秋》的實際功用。實際功用層面的東西，都源自人的內心；本質體現層面的東西，是他們留下的行為事跡。在內心修養與行為事跡之間，有權變之道留存下來，這是聖人承擔的事業。

三皇同意而異化，五帝同言而異教，三王同象而異勸，五伯同數而異率。同意而異化者必以道，以道化民者，民亦以道歸之，故尚自然。夫自然者，無為無有之謂也。無為者，非不為也，不固為者也，故能廣；無有者，非不有也，不固有者也，故能大。廣大悉備而不固為固有者，其唯三皇乎！是故知能以道化天下者，天下亦以道歸焉。所以聖人有言曰：「我無為而民自化，我無事而民自富，我好靜而民自正，我無慾而民自樸。」其斯之謂歟？

三皇同仁而異化，五帝同禮而異教，三王同義而異勸，五伯同智而異率。同禮而異教者必以德，以德教民者，民亦以德歸之，故尚讓。夫讓也者，先人後己之謂也。以天下授人而不為輕，若素無之也；受人之天下而不為重，若素有之也。若素無素有者，謂不己無己有之也。若己無己有，則舉一毛以取與於人，猶有貪鄙之心生焉，而況天下者乎？能知其天下之天下非己之天下者，其唯五帝乎？是故知能以德教天下者，天下亦以德歸焉。所以聖人有言曰：「垂衣裳而天下治，蓋取諸《乾》《坤》。」其斯之謂歟？

三皇意志相同化育方式各異，五帝觀點一致教導方法不同，三王行為相似勸勉方式不盡相同，五霸運用同樣的策略統領風格各有千秋。秉持相同意志教化方式各異必然依靠道義，以道義化育民眾，民眾也會因道義而歸附，所以崇尚自然無為。所謂自然，指的就是無為而治不刻意擁有的狀態。所謂無為，不是甚麼都不做，是不固執於特定的作為，因此能夠廣泛包容；所謂不刻意擁有，並不是甚麼都沒有，而是不固執於已有的東西，因此能夠宏大無邊。既廣泛包容又不固執於特定作為和已有東西的人，大概只有三皇能夠做到吧！因此能夠以道義來化育天下的人，天下人也會因道義而歸附。所以聖人說：「我無為而治民眾就會自然化育，我不妄加干涉民眾就會自然富足，我喜好清靜民眾就會自然走上正道，我沒有貪欲民眾就會自然保持淳樸。」說的就是這個道理吧？

三皇都秉持著仁愛之心但教化方式各不相同，五帝都重視禮儀但教義有所差異，三王都崇尚道義但勸勉方式不盡相同，五霸都運用智慧但統領風格各有千秋。同樣重視禮儀但教義不同的人必然依靠道德行，以道德教化民眾，民眾也會因道德而歸附，所以崇尚謙讓。所謂謙讓，就是先考慮別人再考慮自己。把天下授予別人並不覺得輕視，就像自己本來就沒有一樣；接受別人的天下也不覺得沉重，就像自己本來就擁有一樣。如果能保持自己本來就沒有或自己本來就擁有的心境，那就說明已經超越了自我對有無的執著。如果不能超越自我有無得執著，那麼即使只給予或接受別人一根毫毛，也會生出貪婪卑鄙之心，更何況是天下這樣的大事呢？能夠知道天下是天下人的天下而不是自己一個人的天下的人，大概只有五帝能夠做到吧？因此能夠以道德來教化天下

三皇同性而異化，五帝同情而異教，三王同形而異勸，五伯同體而異率。同形而異勸者必以功，以功勸民者，民亦以功歸之，故尚政。夫政也者，正也，以正正夫不正之謂也。天下之正，莫如利民焉；天下之不正，莫如害民焉。能利民者，正，則謂之曰王矣；能害民者，不正，則謂之曰賊矣。以利除害，安有去王耶？以王去賊，安有弒君耶？是故知王者，正也。能以功正天下之不正者，天下亦以功歸焉。所以聖人有言曰：「天地革而四時成。湯武革命，順乎天而應乎人。」其斯之謂歟？

三皇同聖而異化，五帝同賢而異教，三王同才而異勸，五伯同術而異率。同術而異率者必以力，以力率民者，民亦以力歸之，故尚爭。夫爭也者，爭夫利者也。取以利不以義，然後謂之爭。小爭交以言，大爭交以兵。爭夫強者也，猶借夫名焉者，謂之曲直。名也者，命物正事之稱也；利也者，養人成務之具也。名不以仁，無以守業；利不以義，無以居功。利不以功居，名不以業守，則亂矣，民所以必爭之也。五伯者，藉虛名以爭實利者也。帝不足則王，王不足則伯，伯又不足則夷狄矣。然則，五

的人，天下人也會因道德而歸附。所以聖人說：「只需垂衣拱手天下就能得到治理，大概是取法於《乾》《坤》兩卦所象徵的天地之道吧。」說的就是這個道理吧？

三皇具有相同的聖性但化育方式各異，五帝懷有同樣的仁愛但教化方法不同，三王擁有相似的形態但勸勉百姓的手段有別，五霸雖然地位相當位但統治方式相異。形態相似而勸勉手段不同的必定依靠功績，以功績激勵民眾，民眾也會因功績而歸附，所以崇尚政績。所謂政，就是正，意即用正道來糾正不正之道。天下正道的事，莫過於利民；天下不正道的事，莫過於害民。能夠利民的，就是正道，於是稱之為王；能夠害民的，就是不正之道，於是稱之為賊。用利民之舉來消除害民之行，哪裏會有拋棄王道的呢？用王道來驅除賊寇，哪裏會有弒君之事呢？因此說知曉王道，就是正道。能夠用功績來糾正天下不正之道的，天下人也會把功績歸於他。所以聖人說：「天地變革而四季形成。商湯、周武變革天命，既順應天命又合乎人心。」說的就是這個道理吧？

三皇同樣聖明但化育方式各異，五帝同樣賢達但教化方法不同，三王同樣有才能但勸勉百姓的手段有別，五霸同樣治國有方但統治方式相異。治國謀略相同而統治方式相異必定依賴武力，以武力來統率民眾，民眾也會因武力而歸附，所以崇尚爭鬥。所謂爭，就是爭奪利益。如果不以道義為準則而以利益為取向，那麼就稱之為爭。小的爭鬥以言語相交，大的爭鬥則以兵戈相見。爭奪的焦點在於力量強大，同時還需要借助名義，稱作是非曲直。所謂名義，是給事物命名並確定其正當性的稱謂；所謂利益，是幫助人們達成目的的工具。名義如果不合乎仁愛，就無法守住基業；利益如果不合乎道義，就無法建立功勳。如果不能以功勳來確立利

伯不謂無功於中國，語其王則未也，過夷狄則遠矣。周之東遷，文武之功德於是乎盡矣，猶能維持二十四君，王室不絕如線，夷狄不敢屠害中原者，由五伯借名之力也。是故知能以力率天下者，天下亦以力歸焉。所以聖人有言曰：「眇能視，跛能履。履虎尾，咥人，凶。武人為於大君。」其斯之謂歟？

夫意也者，盡物之性也；言也者，盡物之情也；象也者，盡物之形也；數也者，盡物之體也。仁也者，盡人之聖也；禮也者，盡人之賢也；義也者，盡人之才也；智也者，盡人之術也。盡物之性者，謂之道；盡物之情者，謂之德；盡物之形者，謂之功；盡物之體者，謂之力。盡人之聖者，謂之化；盡人之賢者，謂之教；盡人之才者，謂之勸；盡人之術者，謂之率。道德功力者，存乎體者也；化教勸率者，存乎用者也。體用之間，有變存焉者，聖人之業也。

夫變也者，昊天生萬物之謂也；權也者，聖人生萬民之謂也。非生物非生民，而得謂之權變乎？

益，不能以基業來守護名義，那麼天下就會混亂，這就是民眾必定要爭奪的原因。五霸，是借助虛假的名義來爭奪實際利益的人。功業比不上帝就稱王，功業比不上王就稱霸，功業比不上霸就稱為夷狄。然而，五霸雖然不能說對華夏沒有功勞，但如果稱他們為王則還沒有達到，但超過夷狄甚遠。周朝東遷之後，文王、武王的功德到此就衰落殆盡了，但仍然能夠維繫二十四位國君，使王室像細線一樣不斷延續，夷狄也不敢屠戮中原，這都是因為五霸借助名義的力量。因此知曉用武力來統率天下的，天下人也會因武力來歸附。所以聖人說：「獨眼能視，跛腳能行。踩到老虎尾巴，老虎會咬人，這是兇險的。勇武的人成為國君。」說的就是這個道理吧？

意，是窮盡事物的屬性；言，是窮盡事物的情誌；象，是窮盡事物的形態；數，是窮盡事物的內在。仁，是窮盡人的聖明之性；禮，是窮盡人的賢良之德；義，是窮盡人的才能；智，是窮盡人的技藝。窮盡事物屬性的，稱之為道；窮盡事物情志的，稱之為德；窮盡事物形態的，稱之為功；窮盡事物內在的，稱之為力。窮盡人的聖明之性的，稱之為化育；窮盡人的賢良之德的，稱之為教化；窮盡人的才能的，稱之為勉勵；窮盡人的技藝的，稱之為率領。道德功力，是存在於本體之中的；化育、教化、勉勵、率領，是體現在功用之上的。本質和功用之間，存在著變化，這是聖人承擔的事業。

變化，是蒼天創造萬物的表現；權變，是聖人教化萬民的方式。如果不是創造生物不是教化萬民，又怎能稱之為權變呢？

第五篇

善化天下者，止於盡道而已；善教天下者，止於盡德而已；善勸天下者，止於盡功而已；善率天下者，止於盡力而已。以道德功力為化者，乃謂之皇矣；以道德功力為教者，乃謂之帝矣；以道德功力為勸者，乃謂之王矣；以道德功力為率者，乃謂之伯矣。以化教勸率為道者，乃謂之《易》矣；以化教勸率為德者，乃謂之《書》矣；以化教勸率為功者，乃謂之《詩》矣；以化教勸率為力者，乃謂之《春秋》矣。此四者，天地始則始焉，天地終則終焉，終始隨乎天地者也。

夫古今者，在天地之間，猶旦暮也。以今觀今，則謂之今矣；以後觀今，則今亦謂之古矣。以今觀古，則謂之古矣；以古自觀，則古亦謂之今矣。是知古亦未必為古，今亦未必為今，皆自我而觀之也。安知千古之前、萬古之後，其人不自我而觀之也？

若然，則皇帝王伯者，聖人之時也；《易》《書》《詩》

善於化育天下的人，其極致在於完全遵循道義；善於教化天下的人，其極致在於充分展現德行；善於勸勉天下的人，其極致在於竭盡所能建立功勳；善於統領天下的人，其極致在於竭盡武力維護正道。用道德功力來化育民眾的，可以稱之為皇；用道德功力來教化民眾的，可以稱之為帝；用道德功力來勸勉民眾的，可以稱之為王；用道德功力來統領民眾的，可以稱之為霸。將化育、教化、勸勉、統領融入道義之中的，就是《易經》的精髓；將化育、教化、勸勉、統領融入德行之中的，就是《尚書》的主旨；將化育、教化、勸勉、統領融入功勳之中的，就是《詩經》的意蘊；將化育、教化、勸勉、統領融入武力之中的，就是《春秋》的大義。這四者，隨著天地的開始而開始，隨著天地的終結而終結，它們的開始和終結都是伴隨著天地的變化而變化的。

至於古今的變遷，在天地之間，就如同早晚的更替一樣。以現在的眼光看現在，就稱之為現在；以後世的眼光看現在，那麼現在也就成了古代。以現在的眼光看古代，就稱之為古代；以古代的眼光看自身所處的時代，古代也被稱為現在。由此可知古代未必就是古代，現在也未必就是現在，這都是從我們的視角出發來看的。誰又能知道在千年之前、萬年之後，那裏的人們不是以他們的視角來看待我們的時代呢？

如此，那麼皇帝王霸，是聖人根據時代而採取的治世之

《春秋》者，聖人之經也。時有消長，經有因革。時有消長，否、泰盡之矣；經有因革，損、益盡之矣。否、泰盡而體用分，損、益盡而心跡判。體與用分，心與跡判，聖人之事業於是乎備矣。

所以自古當世之君天下者，其命有四焉：一曰正命，二曰受命，三曰改命，四曰攝命。正命者，因而因者也；受命者，因而革者也；改命者，革而因者也；攝命者，革而革者也。因而因者，長而長者也；因而革者，長而消者也；革而因者，消而長者也；革而革者，消而消者也。革而革者，一世之事業也；革而因者，十世之事業也；因而革者，百世之事業也；因而因者，千世之事業也。可以因則因、可以革則革者，萬世之事業也。一世之事業者，非五伯之道而何？十世之事業者，非三王之道而何？百世之事業者，非五帝之道而何？千世之事業者，非三皇之道而何？萬世之事業者，非仲尼之道而何？是知皇帝王伯者，命世之謂也；仲尼者，不世之謂也。

仲尼曰：「殷因於夏禮，所損益可知也；周因於殷禮，所損益可知也。其或繼周者，雖百世可知也。」如是，則何止於百世而已哉？億千萬世皆可得而知之也。

道；《易經》《尚書》《詩經》《春秋》，是聖人流傳下來的經典。時代有盛衰變化，經典有因襲改革。時代的盛衰變化，在否卦、泰卦中得到了充分的體現；經典的因襲改革，在損卦、益卦中得到了詳盡的闡述。否、泰達到極致而區分了本體與功用；損、益達到極致而劃分了內心與行為。本體與功用得以區分，內心與行為得以劃分，聖人的事業於是完備了。

因此自古以來統治天下的君主，他們的天命有四種情況：一是正命，二是受命，三是改命，四是攝命。所謂正命，是繼承前朝而無所變更；所謂受命，是繼承前朝而有所革新；所謂改命，是先革新後再繼承；所謂攝命，則是完全革新不繼承前朝。繼承而無所變更的，其統治會長久維持；繼承而有所革新的，其統治雖長久但會逐漸消亡；先革新再繼承的，其統治會從消亡中復興；完全革新不繼承的，其統治則會迅速消亡。完全革新的，其基業只能維持一代；先革新再繼承的，其基業可以傳承十代；繼承而有所革新的，其基業可以延續百代；繼承而無所變更的，其基業則可以流傳千代。能夠根據情況進行繼承的、能夠根據情況進行革新的，其基業可以萬世不朽。一代的基業，不正是五霸之道嗎？十代的基業，不正是三王之道嗎？百代的基業，不正是五帝之道嗎？千代的基業，不正是三皇之道嗎？而萬世不朽的基業，不正是孔子主張的道義嗎？由此可知皇帝王霸，是有治國之才者；而孔子，是超越時代的聖人。

孔子說：「殷朝繼承了夏朝的禮儀制度，所增加或減少的內容是可以知道的；周朝又繼承了殷朝的禮儀制度，所增加或減少的內容也是可以知道的。將來如果有繼承周朝的，即使百世後也是可以知道的。」如此，那麼又何止能知道百

人皆知仲尼之為仲尼，不知仲尼之所以為仲尼。不欲知仲尼之所以為仲尼則已，如其必欲知仲尼之所以為仲尼，則捨天地將奚之焉？人皆知天地之為天地，不知天地之所以為天地。不欲知天地之所以為天地則已，如其必欲知天地之所以為天地，則捨動靜將奚之焉？夫一動一靜者，天地至妙者歟！夫一動一靜之間者，天地人至妙至妙者歟！是故知仲尼之所以能盡三才之道者，謂其行無轍跡也。故有言曰：「予欲無言。」又曰：「天何言哉，四時行焉，百物生焉。」其斯之謂歟？

世的情況呢？億千萬世的情況都可以預知啊。

人們都知道孔子是孔子，但不知道孔子之所以成為孔子的原因。如果不想知道孔子之所以成為孔子的原因那就算了，如果一定要知道孔子之所以成為孔子的原因，那麼除了探究天地之道還能從哪裏找到答案呢？人們都知道天地就是天地，但不知道天地之所以成為天地的原因。如果不想知道天地之所以成為天地的原因那就算了，如果一定要知道天地之所以成為天地的原因，那麼除了觀察動靜之理還能從哪裏尋找答案呢？這一動一靜，正是天地的至妙之處！而這一動一靜之間的變化，則是天地人三者間至妙至妙之處！所以知道孔子之所以能夠窮盡天地人三才之道，是因為他行事不留痕跡順應自然。因此孔子說：「我想不說話了。」又說：「天說了甚麼話，四季照常運行，百物自然生長。」說的就是這個道理吧？

第六篇

孔子讚《易》，自羲、軒而下；序《書》，自堯、舜而下；刪《詩》，自文、武而下；修《春秋》，自桓、文而下。自羲、軒而下，祖三皇也；自堯、舜而下，宗五帝也；自文、武而下，子三王也；自桓、文而下，孫五伯也。祖三皇，尚賢也；宗五帝，亦尚賢也。三皇尚賢以道，五帝尚賢以德。子三王，尚親也；孫五伯，亦尚親也。三王尚親以功，五伯尚親以力。嗚呼！時之既往億萬千年，時之未來亦億萬千年，仲尼中間生而為人，何祖宗之寡而子孫之多耶？此所以重讚堯、舜，至禹則曰：「禹，吾無間然矣。」仲尼後禹千五百餘年，今之後仲尼又千五百餘年，雖不敢比夫仲尼上讚堯、舜、禹，豈不敢比夫孟子上讚仲尼乎？人謂仲尼「惜乎無土」，吾獨以為不然。匹夫以百畝為土，大夫以百里為土，諸侯以四境為土，天子以四海為土，仲尼以萬世為土。若然，則孟子言「自生民已來，未有如夫子」，斯亦未為之過矣。

孔子讚譽《易經》，追溯自伏羲氏、軒轅氏以來；為《尚書》作序，從堯帝、舜帝開始；刪編《詩經》，從周文王、周武王以降；修訂《春秋》，則從齊桓公、晉文公以後記起。追溯自伏羲氏、軒轅氏，是尊崇三皇；從堯帝、舜帝開始，是尊奉五帝；以周文王、周武王為起點，是將三王視為子輩；從齊桓公、晉文公記起，則是將五霸視為孫輩。尊崇三皇，是崇尚賢能；尊奉五帝，也是崇尚賢能。三皇崇尚賢能以道義為本，五帝崇尚賢能則以德行為先。將三王視為子輩，是重視親緣；將五霸視為孫輩，也是基於親緣關係。三王重視親緣是以功績為基礎，五霸重視親緣則是憑藉武力。唉！過往的時間已有億萬千年，未來的時間也將有億萬千年，孔子在中間的時代誕生為人，為何他所尊崇的祖先那麼少而他所傳續的後代子孫卻如此之多呢？這就是他為何特別讚譽堯帝、舜帝，而對於禹帝則說：「禹，我對他沒有甚麼可挑剔的了。」孔子生於禹之後一千五百多年，如今我們距孔子又有一千五百多年，我雖不敢將自己與孔子上讚堯帝、舜帝、禹帝相提並論，但難道還不敢與孟子讚頌孔子相比嗎？人們說孔子「可惜沒有封地」，唯獨我認為不是這樣。平民百姓以百畝之地為封土，大夫以百里之地為封土，諸侯以整個國境為封土，天子以四海之內為封土，而孔子則以千秋萬世為他的封土。如此，那麼孟子說「自從有人以來，沒有誰能比得上孔子」，這話也就沒有過譽了。

夫人不能自富，必待天與其富，然後能富；人不能自貴，必待天與其貴，然後能貴。若然，則富貴在天也，不在人也。有求而得之者，有求而不得者矣，是係乎天者也。功德在人也，不在天也。可修而得之，不修則不得，是非係乎天也，係乎人者也。夫人之能求而得富貴者，求其可得者也。非其可得者，非所以能求之也。昧者不知，求而得之，則謂其己之能得也，故矜之；求而不得，則謂其人之不與也，故怨之。如知其己之所以能得，人之所以能與，則天下安有不知量之人耶？天下，至富也；天子，至貴也。豈可妄意求而得之也？雖曰天命，亦未始不由積功累行。聖君艱難以成之，庸君暴虐以壞之。是天歟？是人歟？是知人作之咎，固難逃已；天降之災，禳之奚益？積功累行，君子常分，非有求而然也。有求而然者，所謂利乎仁者也。君子安有餘事於其間哉？然而有幸有不幸者，始可以語命也已。

夏禹以功有天下，夏桀以虐失天下；殷湯以功有天下，殷紂以虐失天下；周武以功有天下，周幽以虐失天下。三者雖時不同，其成敗之形，一也。平王東遷，無

人不能自己使自己富有，必須等待上天賦予他財富，然後他才能富有；人也不能自己使自己尊貴，必須等待上天賦予他尊貴，然後他才能尊貴。如此，那麼富貴就是上天決定的，而不是人為的了。有求取而能得到的人，有求取卻得不到的人，這是與上天相關聯的。功德卻是人自身決定的，不是上天決定的。通過修養可以得到功德，不修養就得不到，這並非與上天有關，而是與人自身有關。人們能追求並獲得富貴的，是因為他們追求的是可以得到的東西。如果不是他們可以得到的東西，那就不是他們能通過追求而獲得的。愚昧的人不明白這個道理，追求並得到了，就認為是自己的能力得到的，因此感到驕傲自大；追求而得不到，就認為是別人不給他，因此產生怨恨。如果他們能明白自己之所以能得到，以及別人之所以能給予，那麼天下哪裏還會有不知分寸的人呢？天下，是最富有的；天子，是最尊貴的。怎麼可以妄想輕易求得呢？雖然說這是天命，但也未嘗不是通過積累功德行為而得來的。聖明的君主通過艱難努力來成就它，平庸的君主則通過暴虐來毀壞它。這是上天決定的呢？還是人為造成的呢？由此可知人為造成的災禍，固然難以逃避；上天降下的災禍，祈禱消災又有甚麼用呢？積累功德增加善行，是君子應盡的本分，並不是因為有所求才這樣做的。有所求而這樣做的，那是被利益所驅使的仁義行為。君子哪裏會有閒暇去做這種事呢？然而有幸運與不幸運的存在，這時才可以談論命運啊。

夏禹因功績而擁有天下，夏桀因暴虐而失去天下；商湯因功績而擁有天下，商紂因暴虐而失去天下；周武王因功績而擁有天下，周幽王因暴虐而失去天下。這三位君主所處的時代不同，但他們成敗的情形，卻是一樣的。周平王東遷，

功以復王業；赧王西走，無虐以喪王室。威令不逮一小國諸侯，仰存於五伯而已，此又奚足道哉？但時無真王者出焉，雖有虛名，與杞宋其誰曰少異？是時也，《春秋》之作，不亦宜乎？

仲尼修經周平王之時，《書》終於晉文侯，《詩》列為王《國風》，《春秋》始於魯隱公，《易》盡於《未濟》卦。予非知仲尼者，學為仲尼者也。禮樂征伐自天子出，而出自諸侯，天子之重去矣；宗周之功德自文武出，而出自幽厲，文武之基息矣。由是犬戎得以侮中國。周之諸侯非一，獨晉能攘去戎狄，徙王東都洛邑，用存王國，為天下伯者之倡，秬鬯圭瓚之所錫，其能免乎？

《傳》稱「子貢欲去魯告朔之餼羊，孔子曰：『賜也，爾愛其羊，我愛其禮。』」是知名存實亡者，猶愈於名實俱亡者矣。禮雖廢而羊存，則後世安知無復行禮者乎？晉文公尊王，雖用虛名，猶能力使天下諸侯知有周天子，而不敢以兵加之也。及晉之衰也，秦由是敢滅周。斯愛禮之言，信不誣矣！

齊景公嘗一日問政於孔子，孔子對曰：「君君，臣

沒有功績來復興王業；周赧王西逃，沒有因暴虐而喪失王室。王室的威嚴和號令已不及一個小國的諸侯，只能仰仗於五霸來維持，這又有甚麼值得稱道的呢？只是當時沒有真正的王者出現，雖然有天子的虛名，與杞國宋國相比誰又能說他們有多少不同呢？在這個時期，《春秋》的寫作，不是正合時宜嗎？

孔子在周平王的時代修訂經典，《尚書》的記錄終止於晉文侯的部分，《詩經》將各國的詩歌歸類為《國風》，《春秋》是從魯隱公開始記述的，《易經》以《未濟》卦作為結束。我不是了解孔子的人，只是學習並效仿孔子的人。禮樂征伐的權力原本應由天子發出，如果改由諸侯發出，那麼天子的權威就失去了；周朝的功德由周文王和周武王發出，如果改由周幽王和周厲王發出，那麼周文王和周武王的基業也就消亡了。因此犬戎得以欺侮中原。周朝的諸侯並非只有一個，只有晉國能夠抵禦並驅逐戎狄，護送周王東遷往洛邑，從而保存了周王室，成為天下諸侯的領袖，並得到了天子賜予的黑黍和鬱金香草釀造的酒和玉製酒器等重禮，晉國又怎能免於稱霸呢？

《左傳》中稱：「子貢想要取消魯國每月初一告祭祖廟時用的活羊，孔子說：『賜，你愛惜那隻羊，我卻愛惜那種禮制。』」這說明名存實亡的事物，尚且勝過名實俱亡的事物。禮制雖然廢除了但羊還保留著，那麼後世怎能知道沒有再恢復行禮的人呢？晉文公尊奉周王，雖然用的是虛名，但還能盡力讓天下的諸侯知道有周天子存在，而不敢對他動用武力。等到晉國衰落的時候，秦國就因此敢於滅掉周王室。這證明了孔子愛惜禮制的話，確實沒有錯！

齊景公曾經有一天向孔子詢問政治，孔子回答說：「國君

臣，父父，子子。」公曰：「善哉，信如君不君，臣不臣，父不父，子不子，雖有粟，吾得而食諸？」是時也，諸侯僭天子，陪臣執國命，祿去公室，政出私門。景公自不能上奉周天子，欲其臣下奉己，不亦難乎？厥後齊祚卒為田氏所移。夫齊之有田氏者，亦猶晉之有三卿也。晉之有三卿者，亦猶周之有五伯也。韓、趙、魏之於晉也，既立其功，又分其地；既卑其主，又奪其國。田氏之於齊也，既得其祿，又專其政；既殺其君，又移其祚。其如天下之事，豈無漸乎？履霜之戒，寧不思乎？

《傳》稱：「王者，往也」，能往天下者，可以王矣。周之衰也，諸侯不朝天子久矣。及楚預中國會盟，仲尼始進爵為之子，其於僭王也，不亦陋乎？

夫以力勝人者，人亦以力勝之。吳嘗破越而有輕楚之心，及其破楚，又有驕齊之志，貪婪攻取，不顧德義，侵侮齊、晉，專以夷狄為事，遂復為越所滅。越又不監之，其後復為楚所滅。楚又不監之，其後復為秦所滅。秦又不監之，其後復為漢所代。恃強凌弱，與豺虎何以異乎？非所以謂之中國義理之師也。

要像國君，臣子要像臣子，父親要像父親，兒子要像兒子。」齊景公說：「說得好，確實如果國君不像國君，臣子不像臣子，父親不像父親，兒子不像兒子，即使有糧食，我能吃得著嗎？」在那個時候，諸侯超越了天子的地位，大夫把持了國家的政權，俸祿不再歸公室所有，政令出自私家。齊景公自己尚且不能尊奉周天子，卻想讓他的臣子尊奉自己，不是太難了嗎？此後齊國的王位最終被田氏篡奪。齊國出現田氏，就好像晉國出現三家大夫一樣。晉國出現三家大夫，就好像周朝出現五霸一樣。韓、趙、魏對於晉國，既建立了功勳，又分割了晉國的土地；既降低了晉國君主的地位，又篡奪了晉國的政權。田氏對於齊國，既得到了俸祿，又獨攬了政權；既殺害了齊國君主，又篡奪了齊國的王位。像天下的事情，哪有不是逐步發展而成的呢？走在霜上知道結冰的時候快要到來，難道能不思考這個問題嗎？

《左傳》中說：「王者，是指能夠讓天下人歸附嚮往」，能夠讓天下人歸附嚮往的人，就可以稱王了。周朝衰落時，諸侯已經很久沒有朝拜天子了。等到楚國加入中原會盟，孔子才晉升為子爵，但對於楚國後來僭越稱王的行為，這不是很淺陋的看法嗎？

那些依靠武力戰勝別人的人，別人也會用武力來戰勝他。吳國曾經打敗越國而有了輕視楚國的心思，等到它打敗楚國後，又有了傲視齊國的志向，貪婪地攻城掠地，不顧及道德仁義，侵擾齊國、晉國，一心只把夷狄稱霸中原之事當作目標，最終又被越國所滅。越國又不以此為鑑，後來又被楚國所滅。楚國也不以此為鑑，後來又被秦國所滅。秦國也不以此為鑑，後來又被漢朝所取代。恃強凌弱，這與豺狼虎豹有甚麼區別呢？這並不能稱之為中原的道義之師。

宋之為國也，爵高而力卑者乎？盟不度德，會不量力，區區與諸侯並驅中原，恥居其後，其於伯也，不亦難乎？

周之同姓諸侯而克永世者，獨有燕在焉。燕處北陸之地，去中原特遠，苟不隨韓、趙、魏、齊、楚，較利刃，爭虛名，則足以養德待時，而觀諸侯之變。秦雖虎狼，亦未易加害。延十五六年後，天下事未可知也。

中原之地方九千里，古不加多，而今不加少。然而，有祚長祚短、地大地小者，攻守異故也。自三代以降，漢、唐為盛，秦界於周、漢之間矣。秦始盛於穆公，中於孝公，終於始皇。起於西夷，遷於岐山，徙於咸陽。兵瀆宇內，血流天下，並吞四海，更革今古。雖不能比德三代，非晉、隋可同年而語也。其祚之不永，得非用法太酷、殺人之多乎？所以仲尼序《書》，終於秦誓一事，其旨不亦遠乎？

夫好生者，生之徒也；好殺者，死之徒也。周之好生也以義，漢之好生也亦以義；秦之好殺也以利，楚之好殺也亦以利。周之好生也以義，而漢且不及；秦之好殺也以利，而楚又過之。天之道，人之情，又奚擇於周、秦、漢、楚哉？擇乎善惡而已。是知善也者，無敵於天下，而

宋國作為一個諸侯國，是爵位高而實力弱的嗎？結盟時不考慮德行，會盟時不衡量實力，區區之國卻想與諸侯在中原並駕齊驅，以居於諸侯之後為恥，它想要稱霸，不是很難嗎？

周朝的同姓諸侯中能夠長久維持國祚的，只有燕國了。燕國地處北方邊陲，距離中原特別遠，如果不跟隨韓、趙、魏、齊、楚等國，較量武力，爭奪虛名，就足以修養德行等待時機，觀察諸侯的變化。秦國雖然像虎狼一樣兇猛，也不容易加害於它。假使能延續十五六年後，天下的事態就不可預知了。

中原的土地方圓九千里，古時沒有增加，現在也沒有減少。然而，國運有長有短、疆域有大有小，這是因為攻守形勢不同的緣故。自夏、商、周三代以來，漢朝、唐朝最為強盛，秦朝則介於周朝、漢朝之間。秦國的強盛始於秦穆公，中興於秦孝公，終於秦始皇。它起源於西方的夷狄之地，遷徙到岐山，又遷到咸陽。軍隊橫行宇內，天下血流成河，兼併四海，改革古今制度。雖然不能與夏、商、周三代的德行相比，但也不是晉朝、隋朝可以相提並論的。其國運不長，難道不是因為用刑太嚴酷、殺人太多的緣故嗎？所以孔子為《尚書》作序，以秦穆公悔過作為終結，他的用意不是很深遠嗎？

愛惜生靈的人，是有好生之德的人；愛好殺戮的人，是嗜殺成性的人。周朝愛惜生靈是出於道義，漢朝愛惜生靈也是出於道義；秦朝愛好殺戮是出於利益，楚國愛好殺戮也是出於利益。周朝愛惜生靈是出於道義，而漢朝尚且比不上；秦朝愛好殺戮是出於利益，而楚國又超過了它。上天的道義，人間的情理，又怎麼會在周、秦、漢、楚之間選擇呢？

天下共善之；惡也者，亦無敵於天下，而天下亦共惡之。天之道，人之情，又奚擇於周、秦、漢、楚哉？擇乎善惡而已。

只是選擇善惡罷了。由此可知心存善念，是天下無敵的，而天下人都會稱頌他；心存惡念，也是天下無敵的，而天下人也都會厭惡他。上天的道義，人間的情理，又怎麼會在周、秦、漢、楚之間選擇呢？只是選擇善惡罷了。

觀物內篇　下

第七篇

昔者，孔子語堯、舜，則曰「垂衣裳而天下治」；語湯、武，則曰「順乎天而應乎人」。斯言可以該古今帝王受命之理也。堯禪舜以德，舜禪禹以功。以德，帝也；以功，亦帝也，然而，德下一等則入於功矣。湯伐桀以放，武伐紂以殺。以放，王也；以殺，亦王也，然而，放下一等則入於殺矣。是知時有消長，事有因革。前聖後聖，非出於一途哉！

天與人相為表裏。天有陰陽，人有邪正。邪正之由，係乎上之所好也。上好德，則民用正；上好佞，則民用邪。邪正之由，有自來矣。雖聖君在上，不能無小人，是難其為小人；雖庸君在上，不能無君子，是難其為君子。自古聖君之盛，未有如唐堯之世，君子何其多耶！時非無小人也，是難其為小人，故君子多也。所以雖有四兇，不能肆其惡。自古庸君之盛，未有如商紂之世，小人何其多耶！時非無君子也，是難其為君子，故小人多也。所以雖有三仁，不能遂其善。是知君擇臣、臣擇君者，是係乎人也；君得臣、臣得君者，是非係乎人也，係乎天者也。

從前，孔子談及堯帝、舜帝，他說「垂衣而能治理天下」；談及商湯、周武，他說「他們順應天命並且符合人心」。這些話可以概括古今帝王受命治理天下的道理。堯帝以德行禪位給舜帝，舜帝以功績禪位給禹帝。憑藉德行，能行成為帝王；憑藉功績，也能成為帝王，然而，德行稍次一等就落入憑藉功績了。商湯討伐夏桀而將其流放，周武王討伐商紂王而將其殺害。憑藉流放，能成為王；憑藉殺戮，也能成為王，然而，流放稍次一等就落入殺戮了。由此可知時勢有盛衰變化，事情有沿襲改革。先前的聖人與後來的聖人，並不是通過同一種途徑成為聖人的！

天與人相互為表裏。天有陰陽，人有邪正。邪正的由來，與君主的喜好有關。君主喜好德行，百姓就會行正道；君主喜好諂媚，百姓就會行邪道。邪正的由來，是有其根源的。即使聖明的君主在位，也不可能沒有小人，是難以讓小人得勢；即使平庸的君主在位，也不可能沒有君子，是難以讓君子得志。自古以來聖明君主治理的盛世，沒有比唐堯時代更興盛的了，那時的君子如此之多！並不是那個時代沒有小人，而是難以讓小人得勢，所以君子就多。因此即使有渾敦、窮奇、檮杌、饕餮的出現，也不能肆意作惡。自古以來平庸君主統治的時代，沒有比商紂王時代更糟糕的了，那時的小人如此之多！並不是那個時代沒有君子，而是難以讓君子得志，所以小人就多。因此即使有微子、箕子、比干這樣

賢愚，人之本性；利害，民之常情。虞舜陶於河濱，傅說築於岩下，天下皆知其賢，而百執事不為之舉者，利害使之然也。吁！利害叢於中而矛戟森於外，又安知有虞舜之聖而傅說之賢哉？河濱非禪位之所，岩下非求相之方。昔也在億萬人之下，而今也在億萬人之上，相去一何遠之甚耶！然而必此云者，貴有名者也。

《易》曰：「坎，有孚，維心亨。行有尚。」中正行險，往且有功，雖危無咎，能自信故也，伊尹以之。是知古之人患名過實者有之矣。其間有幸與不幸者，雖聖人，力有不及者矣。伊尹行冢宰，居責成之地，藉使避放君之名，豈曰不忠乎？則天下之事去矣，又安能正嗣君，成終始之大忠者乎？吁！若委寄於匪人，三年之間，其如嗣君何？則天下之事亦去矣，又安有伊尹也？「坎，有孚，維心亨」，不亦近之乎？

《易》曰：「由豫，大有得。勿疑，朋盍簪。」剛健主豫，動而有應，群疑乃亡，能自強故也，周公以之。

的賢臣，也不能順利行善。由此可知君主選擇臣子、臣子選擇君主，這是關乎人的選擇；但君主能得到賢臣、臣子能遇到明君，這並不是僅僅關乎人的選擇，而是關乎天命啊。

賢能與愚笨，這是人的本性；利益與禍害，這是民眾普遍的情感。虞舜在河邊製陶，傅說在岩石下築牆，天下的人都知道他們的賢能，但百官不舉薦他們，這是因為利益與禍害的考量使他們這樣做的。唉！內心被利害關係所困擾而外界又充滿了矛盾與衝突，又怎能知道有虞舜那樣的聖人和傅說那樣的賢人呢？河邊並不是禪讓帝位的地方，岩石下也不是尋求宰相之位的途徑。過去他們身處億萬人之下，而現在卻位居億萬人之上，這前後的差距是多麼遙遠啊！然而之所以一定要提到這些，是因為看重名聲的重要性。

《易經》說：「坎卦，象徵著心中有誠信，內心亨通順暢。行動會受到尊崇。」在艱險中保持中正之道，勇往直前就能取得成功，即使面臨危險也不會有過錯，這是因為能夠自信的緣故，伊尹就是這樣做的。由此可知古人中擔心名聲超過實際才能的情況是有的。在他們之間有幸與不幸之分，即使是聖人，也有力所不及的時候。伊尹擔任宰相，身處承擔重任的地位，假使他為了避免背上放逐君主的惡名，難道就能說他不忠誠嗎？那樣的話國家大事就會荒廢，又怎麼能匡正嗣君，成就始終如一的大忠呢？唉！如果把國家大事託付給不適合的人，三年之間，嗣君將會怎樣呢？那麼國家大事也會荒廢，又哪裏會有伊尹這樣的人呢？「坎卦，象徵著心中有誠信，內心亨通順暢」，不正是接近於這種情況嗎？

《易經》說：「從豫卦看，大有收穫。不要疑惑，朋友們會合聚而來。」剛健者主導豫卦，行動就會得到響應，

是知聖人不能使人無謗，能處謗者也。周公居總　　當任重之地，藉使避滅親之名，豈曰不孝乎？則天下之事去矣，又安能保嗣君，成終始之大孝者乎？吁！若委寄於匪人，七年之間，其如嗣君何？則天下之事亦去矣，又安有周公也？「由豫，大有得。勿疑，朋盍簪」，不亦近之乎？

夫天下將治，則人必尚行也；天下將亂，則人必尚言也。尚行，則篤實之風行焉；尚言，則詭譎之風行焉。天下將治，則人必尚義也；天下將亂，則人必尚利也。尚義，則謙讓之風行焉；尚利，則攘奪之風行焉。三王，尚行者也；五伯，尚言者也。尚行者，必入於義也；尚言者，必入於利也。義利之相去一何遠之若是耶？是知言之於口，不若行之於身；行之於身，不若盡之於心。言之於口，人得而聞之；行之於身，人得而見之；盡之於心，神得而知之。人之聰明猶不可欺，況神之聰明乎？是知無愧於口，不若無愧於身；無愧於身，不若無愧於心。無口過易，無身過難；無身過易，無心過難。心既無過，何難之有？吁！安得無心過之人而與之語心哉？是故知聖人所以能立乎無過之地者，謂其善事於心者也。

所有的疑惑都會消失，這是因為能夠自強的緣故，周公就是這樣做的。由此可知聖人不能使人不遭受誹謗，但聖人能妥善處理誹謗。周公身處統領全局擔當重任的地位，假使他為了避免背上滅絕親族的惡名，難道就能說他不孝順嗎？那樣的話國家大事就會荒廢，又怎麼能保護嗣君，成就始終如一的大孝呢？唉！如果把國家大事託付給不適合的人，七年之間，嗣君將會怎樣呢？那麼國家大事也會荒廢，又哪裏會有周公這樣的人呢？「從豫卦看，大有收穫。不要疑惑，朋友們會合聚而來」，不正是接近於這種情況嗎？

當天下將要得到治理的時候，人們必定崇尚實際行動；當天下將要陷入混亂的時候，人們必定崇尚空談。崇尚實際行動，那麼篤實之風就會盛行；崇尚空談，那麼詭詐之風就會氾濫。天下將要得到治理，人們必定崇尚道義；天下將要陷入混亂，人們必定崇尚私利。崇尚道義，那麼謙讓之風就會興起；崇尚私利，那麼掠奪之風就會盛行。三王，是崇尚實際行動的人；五霸，是崇尚空談的人。崇尚實際行動的人，必然會走向道義；崇尚空談的人，必然會走向私利。道義與私利的距離何等遙遠啊？由此可知口頭上說說，不如親身去實踐；親身去實踐，又不如內心的徹底領悟。口頭上說說，別人可以聽到；親身去實踐，別人可以看見；內心徹底領悟，只有神明才能知曉。人的聰明才智尚且不可欺騙，更何況神明洞察一切的智慧呢？因此，無愧於口，不如無愧於身；無愧於身，不如無愧於心。言語上沒有過錯容易，行為上沒有過錯較難；行為上沒有過錯容易，內心沒有過錯更難。內心既然沒有過錯，還有甚麼困難不能克服呢？唉！哪裏能找到內心沒有過錯的人和他談論心性之道呢？所以聖人之所以能立足於沒有過錯的境地，就是因為他們善於修養心性啊。

第八篇

仲尼曰：《韶》，盡美矣，又盡善也；《武》，盡美矣，未盡善也。」又曰：「管仲相桓公，霸諸侯，一匡天下，民到于今受其賜。微管仲，吾其被發左衽矣。」是知武王雖不逮舜之盡善盡美，以其解天下之倒懸，則下於舜一等耳；桓公雖不逮武之應天順人，以其霸諸侯，一匡天下，則高於狄亦遠矣。以武比舜，則不能無過；比桓，則不能無功。以桓比狄，則不能無功；比武，則不能無過。

漢氏宜立乎其桓、武之間矣。是時也，非會天下之民厭秦之暴且甚，雖十劉季、百子房，其如人心之未易何？且古今之時則異也，而民好生惡死之心非異也。自古殺人之多，未有如秦之甚，天下安有不厭之乎？夫殺人之多，不必以刃，謂天下之人無生路可趨也，而又況以刃多殺天下之人乎？

秦二世，萬乘也，求為黔首而不能得；漢劉季，匹夫也，免為元首而不能已。萬乘與匹夫，相去有間矣，然而有時而代之者，謂其天下之利害有所懸之耳。天之道，

孔子說：「《韶》樂，美到極致了，而且完善也到極致了；《武》樂，美到極致了，但不夠完善。」他又說：「管仲輔佐齊桓公，使他能夠在諸侯中稱霸，使天下得到匡正，百姓至今仍受他的恩賜。如果沒有管仲，我們恐怕要披頭散髮衣襟左開了。」由此可知周武王雖未達到舜帝那樣盡善盡美，但他解除了百姓的苦難，比舜帝只差一等；齊桓公雖未達到周武王那樣順應天命人心，但他在諸侯中稱霸，使天下得到匡正，比起夷狄來要高明得多。將周武王和舜帝相比，周武王不能說沒有過錯；但和齊桓公相比，周武王不能說沒有功績。將齊桓公和夷狄相比，齊桓公不能說沒有功績；但和周武王相比，齊桓公不能說沒有過錯。

漢朝的功績應當介於齊桓公和周武王之間。當時，如果不是全天下的百姓都厭惡秦朝的暴政到了極點，即使有十個劉邦、一百個張良，又能對人心怎麼樣呢？況且古今的時代雖然不同，但萬民熱愛生命厭惡死亡的心情是一樣的。自古以來殺人之多，沒有比秦朝更厲害的了，天下百姓怎能不厭惡它呢？殺人之多，不一定都用兵器，是說天下的人沒有生路可走了，更何況用刀大量地殺害天下人呢？

秦二世，萬乘之軀，卻想成為平民百姓而無法實現；漢高祖劉邦，本是平民，卻不想成為皇帝也無法實現。天子和平民，地位相差懸殊，然而有時天子會被平民所取代，這是因為天下的利害得失有所懸係。上天的道義，並不是要使

非禍萬乘而福匹夫也，謂其禍無道而福有道也；人之情，非去萬乘而就匹夫也，謂其去無道而就有道也。萬乘與匹夫，相去有間矣，然而有時而代之者，謂其直以天下之利害有所懸之耳。

日既沒矣，月既望矣，星不能不希矣。非星之希，是星難乎為其光矣。能為其光者，不亦希乎？漢、唐既創業矣，呂、武既擅權矣，臣不能不希矣！非臣之希，是臣難乎為其忠矣。能為其忠者，不亦希乎？是知從天下事易，死天下事難；死天下事易，成天下事難。苟能成之，又何計乎死與生也？如其不成，雖死奚益？況其有正與不正者乎！與其死於不正，孰若生於正？與其生於不正，孰若死於正？在乎忠與智者之一擇焉。死固可惜，貴乎成天下之事也。如其敗天下之事，一死奚以塞責？生固可愛，貴乎成天下之事也。如其敗天下之事，一生何以收功？噫！能成天下之事，又能不失其正而生者，非漢之留侯、唐之梁公而何？微斯二人，則漢、唐之祚或幾乎移矣。豈若虛生虛死者焉？夫虛生虛死者，譬之蕭艾，忠與智者不遊乎其間矣！

天子遭禍而使平民得福，而是要禍害無道之君而福佑有道之君；人們的願望，並不是要拋棄天子而歸附平民，而是要拋棄無道之君而歸附有道之君。天子和平民，地位相差懸殊，然而有時天子會被平民所取代，這是說人們只是根據天下的利害得失來決定的。

太陽落山，月亮圓滿，星星不能不稀少。並不是星星稀少，而是星星難以發出光芒了。能發出光芒的星星，不是也很稀少嗎？漢朝、唐朝已經創業成功了，呂后、武則天已經擅權了，忠臣不能不稀少！並不是忠臣稀少，而是忠臣難以盡忠了。能盡忠的臣子，不是也很稀少嗎？由此可知順從天下的事容易，為天下的事而死難；為天下的事而死容易，成就天下的事難。如果能成就天下的事，又何必計較生與死呢？如果不能成就，即使死了又有甚麼益處？況且還有正當與不正當的區別呢！與其死於不正當，哪如生於正當？與其生於不正當，哪如死於正當？這在於忠臣與智者的選擇。死固然可惜，但更重要的是成就天下的事。如果敗壞了天下的事，一死怎能推卸責任？生固然珍貴，但更珍貴的是成就天下的事。如果敗壞了天下的事，一生中又怎能收穫成功？唉！能成就天下的事，又能不喪失正道而生的人，除了漢朝的留侯張良、唐朝的梁公狄仁傑還有誰呢？如果沒有這兩個人，漢朝、唐朝的國運或許早就改變了。這怎能像那些徒然活著無謂而死的人呢？那些徒然活著無謂而死的人，就像野草一樣，忠臣與智者是不會與他們為伍的！

第九篇

仲尼曰：「『善人為邦百年，亦可以勝殘去殺矣』，誠哉是言也！」自極亂至於極治，必三變矣。三皇之法無殺，五伯之法無生。伯一變，至於王矣；王一變，至於帝矣；帝一變，至於皇矣。其於生也，非百年而何？是知三皇之世如春，五帝之世如夏，三王之世如秋，五伯之世如冬。如春，溫如也；如夏，燠如也；如秋，淒如也；如冬，冽如也。

春夏秋冬者，昊天之時也；《易》《書》《詩》《春秋》者，聖人之經也。天時不差，則歲功成矣；聖經不忒，則君德成矣。天有常時，聖有常經，行之正則正矣，行之邪則邪矣。邪正之間，有道在焉。行之正，則謂之正道；行之邪，則謂之邪道。邪正由人乎？由天乎？

天由道而生，地由道而成，物由道而形，人由道而行。天、地、人、物，則異也，其於由道，一也。夫道也者，道也。道無形，行之則見於事矣。如道路之道坦然，使千億萬年行之人知其歸者也。

孔子說：「『有德之人治理國家一百年，也可以克服殘暴免除殺戮了』，這句話說得真對啊！」從極度的混亂到極度的治理，必定要經過三次大的變革。三皇的治法是不殺，五霸的治法是讓敵人無法生存。霸道一旦變革，就進入王道；王道一旦變革，就進入帝道；帝道一旦變革，就進入皇道。要實現這種轉變以至於達到天下大治，不經歷百年時間怎麼可能呢？由此可知三皇的時代如同春天，五帝的時代如同夏天，三王的時代如同秋天，五霸的時代如同冬天。像春天一樣，溫暖和煦；像夏天一樣，熾熱炎炎；像秋天一樣，淒涼蕭瑟；像冬天一樣，寒冷凜冽。

春夏秋冬，是上天的時令；《易經》《尚書》《詩經》《春秋》，是聖人的經典。天時不出現差錯，一年的收成就能完成；聖人的經典沒有謬誤，君主的德行就能成就。上天有固定的時令，聖人有不變的經典，行為端正內心就會端正，行為邪惡內心就會邪惡。端正與邪惡之間，有規律存在。遵循正確的道路，就稱之為正道；遵循邪惡的道路，就稱之為邪道。邪正是由人決定的呢？還是由天決定的呢？

上天由道義而產生，大地由道義而形成，萬物由道義而賦予形態，人由道義而行動。天、地、人、物，雖然各不相同，但它們都是由道義來支配的，這一點是相同的。所說的道，就是規則。道義雖然沒有具體的形狀，但人們實踐它就會在事物上顯現出來。就像道路一樣坦蕩平直，即使讓千億

或曰：「『君子道長，則小人道消；君子道消，則小人道長』，長者是，則消者非也；消者是，則長者非也。何以知正道、邪道之然乎？」吁！賊夫人之論也！不曰君行君事、臣行臣事、父行父事、子行子事、夫行夫事、妻行妻事、君子行君子事、小人行小人事、中國行中國事、夷狄行夷狄事，謂之正道；君行臣事、臣行君事、父行子事、子行父事、夫行妻事、妻行夫事、君子行小人事、小人行君子事、中國行夷狄事、夷狄行中國事，謂之邪道。至於三代之世治，未有不治人倫之為道也；三代之世亂，未有不亂人倫之為道也。後世之慕三代之治世者，未有不正人倫者也；後世之慕三代之亂世者，未有不亂人倫者也。自三代而下，漢、唐為盛，未始不由治而興、亂而亡，況其不盛於漢、唐者乎？其興也，又未始不由君道盛、父道盛、夫道盛、君子之道盛、中國之道盛；其亡也，又未始不由臣道盛、子道盛、妻道盛、小人之道盛、夷狄之道盛。噫！二道對行，何故治世少而亂世多耶？君子少而小人多耶？曰：「豈不知陽一而陰二乎？天地尚由是道而生，況其人與物乎？人者，物之至靈者也。物之靈，未若人之靈，尚由是道而生，又況人靈於物者乎？」是知人亦物也，以其至靈，故特謂之人也。

萬人行走也能知道它的方向和目標。

有人說：「『君子之道興盛，小人之道就消退；君子之道消退，小人之道就興盛』，如果興盛的是對的，那麼消退的就是錯的；如果消退的是對的，那麼興盛的就是錯的。我們如何知道正道、邪道究竟是怎樣的呢？」唉！這是引導別人犯錯誤的言論啊！不是說君主做君主該做的事、臣子做臣子該做的事、父親做父親該做的事、兒子做兒子該做的事、丈夫做丈夫該做的事、妻子做妻子該做的事、君子做君子該做的事、小人做小人該做的事、中原做中原該做的事、夷狄做夷狄該做的事，這就叫做正道；而君主做臣子的事、臣子做君主的事、父親做兒子的事、兒子做父親的事、丈夫做妻子的事、妻子做丈夫的事、君子做小人的事、小人做君子的事、中原做夷狄的事、夷狄做中原的事，這就叫做邪道。對於夏、商、周三代的盛世，沒有不是通過治理好人倫關係為準則的；三代夏、商、周的亂世，沒有不是因為人倫關係混亂而導致的。後世那些仰慕夏、商、周三代治世的人，沒有不端正人倫關係的；而後世那些效仿夏、商、周三代亂世的人，沒有不擾亂人倫關係的。自夏、商、周三代以來，漢朝、唐朝最為興盛，它們的興盛無不源於治理得當，而它們的衰敗也無不源於混亂，更何況那些還不如漢、唐興盛的朝代呢？它們的興盛，無不是因為君道興盛、父道興盛、夫道興盛、君子之道興盛、中原之道興盛；它們的衰敗，無不是因為臣子之道興盛、兒子之道興盛、妻子之道興盛、小人之道興盛、夷狄之道興盛。唉！正道和邪道並行於世，為甚麼治世少而亂世多呢？為甚麼君子少而小人多呢？回答說：「難道不知道陽是一而陰是二嗎？天地尚且是由道義而產生的，更何況人和物呢？人，是萬物中最有靈性的。萬物中有靈性的，沒有比人的靈性更高的，尚且是由

道義理而產生的，又何況人的靈性高於萬物呢？」由此可知人也是物的一種，因為人具有最高的靈性，所以特別稱之為人。

第十篇

日經天之元，月經天之會，星經天之運，辰經天之世。以日經日，則元之元可知之矣；以日經月，則元之會可知之矣；以日經星，則元之運可知之矣；以日經辰，則元之世可知之矣。以月經日，則會之元可知之矣；以月經月，則會之會可知之矣；以月經星，則會之運可知之矣；以月經辰，則會之世可知之矣。以星經日，則運之元可知之矣；以星經月，則運之會可知之矣；以星經星，則運之運可知之矣；以星經辰，則運之世可知之矣。以辰經日，則世之元可知之矣；以辰經月，則世之會可知之矣；以辰經星，則世之運可知之矣；以辰經辰，則世之世可知之矣。

元之元一，元之會十二，元之運三百六十，元之世四千三百二十。會之元十二，會之會一百四十四，會之運四千三百二十，會之世五萬一千八百四十。運之元三百六十，運之會四千三百二十，運之運一十二萬九千六百，運之世，一百五十五萬五千二百。世之元四千三百二十，

日運行於天際形成元，月運行於天際形成會，星運行於天際形成運，辰運行於天際形成世。以日為基準來觀察日，就能理解元之於元的含義；以日的為基準來觀察月，就能推算出元中的會是多少；以日為基準來觀察星，就能得知元中的運是多少；以日為基準觀察辰，就能領悟元中的世是多少。以月為基準來觀察日，就能知道會在元中是多少；以月為基準來觀察月，就能了解會之於會的含義；以月為基準來觀察星，就能得知會中的運是多少；以月為基準來觀察辰，就能明白會中的世是多少。以星為基準來觀察日，就能推算出運在元中是多少；以星為基準來觀察月，就能了解運在會中是多少；以星為基準來觀察星，就能得知運之於運的含義；以星為基準來觀察辰，就能領悟運中的世是多少。以辰為基準來觀察日，就能知道世在元中是多少；以辰為基準來觀察月，就能了解世在會中是多少；以辰為基準來觀察星，就能得知世在運中是多少；以辰為基準來觀察辰，就能理解世之於世的含義。

一元為元，一元等於十二會，一元等於三百六十運，一元等於四千三百二十世。十二會為一元，十二會乘以十二會為一百四十四，一百四十四會乘以三十運為四千三百二十，一百四十四會乘以十二世為五萬一千八百四十。三百六十運為一元，三百六十運乘以十二會為四千三百二十，三百六十運乘以三百六十運為一十二萬九千六百，三百六十運乘以三

世之會五萬一千八百四十，世之運一百五十五萬五千二百，世之世一千八百六十六萬二千四百。元之元，以春行春之時也；元之會，以春行夏之時也；元之運，以春行秋之時也；元之世，以春行冬之時也。會之元，以夏行春之時也；會之會，以夏行夏之時也；會之運，以夏行秋之時也；會之世，以夏行冬之時也。運之元，以秋行春之時也；運之會，以秋行夏之時也；運之運，以秋行秋之時也；運之世，以秋行冬之時也。世之元，以冬行春之時也；世之會，以冬行夏之時也；世之運，以冬行秋之時也；世之世，以冬行冬之時也。皇之皇，以道行道之事也；皇之帝，以道行德之事也；皇之王，以道行功之事也；皇之伯，以道行力之事也。帝之皇，以德行道之事也；帝之帝，以德行德之事也；帝之王，以德行功之事也；帝之伯，以德行力之事也。王之皇，以功行道之事也；王之帝，以功行德之事也；王之王，以功行功之事也；王之伯，以功行力之事也。伯之皇，以力行道之事也；伯之帝，以力行德之事也；伯之王，以力行功之事也；伯之伯，以力行力之事也。時有消長，事有因革，非聖人無以盡之。所以，仲尼曰：「可與共學，未可與適道；可與適道，未可與立；可與立，未可與權。」是知千萬世之時，千萬世之經，豈可畫地而輕言也哉？

十世為一百五十五萬五千二百。四千三百二十世為一元，四千三百二十世乘以十二世為五萬一千八百四十，四千三百二十世乘以三十運為一百五十五萬五千二百，四千三百二十世乘以十二世為一千八百六十六萬二千四百。元之於元，就像春天按照春天的時令行事一樣；元之於會，就像春天按照夏天的時令行事一樣；元之於運，就像春天按照秋天的時令行事一樣；元之於世，就像春天按照冬天的時令行事一樣。會之於元，就像夏天按照春天的時令行事一樣；會之於會，就像夏天按照夏天的時令行事一樣；會之於運，就像夏天按照秋天的時令行事一樣；會之於世，就像夏天按照冬天的時令行事一樣。運之於元，就像秋天按照春天的時令行事一樣；運之於會，就像秋天按照夏天的時令行事一樣；運之於運，就像秋天按照秋天的時令行事一樣；運之於世，就像秋天按照冬天的時令行事一樣。世之於元，就像冬天按照春天的時令行事一樣；世之於會，就像冬天按照夏天的時令行事一樣；世之於運，就像冬天按照秋天的時令行事一樣；世之於世，就像冬天按照冬天的時令行事一樣。皇中的皇，通過道義實踐道義；皇中的帝，通過道義實踐德行；皇中的王，通過道義建立功績；皇中的霸，通過道義施展武力量。帝中的皇，通過德行實踐道義；帝中的帝，通過德行實踐德行；帝中的王，通過德行建立功績；帝中的霸，通過德行施展武力量。王中的皇，通過功績實踐道義；王中的帝，通過功績實踐德行；王中的王，通過功績建立功績；王中的霸，通過功績施展武力。霸中的皇，通過武力實踐道義；霸中的帝，通過武力實踐德行；霸中的王，通過武力建立功績；霸中的霸，通過武力施展力量。時代有盛衰更替，事物有繼承變革，沒有聖人就無法完全理解其中的奧妙。因此，孔子說：

三皇，春也；五帝，夏也；三王，秋也；五伯，冬也；七國，冬之餘冽也。漢，王而不足；晉，伯而有餘；三國，伯之雄者也；十六國，伯之叢者也；南五代，伯之藉乘也；北五朝，伯之傳舍也。隋，晉之子也；唐，漢之弟也。隋季諸郡之伯，江漢之餘波也；唐季諸鎮之伯，日月之餘光也；後五代之伯，日未出之星也。

自帝堯至於今，上下三千餘年，前後百有餘世，書傳可明紀者。四海之內，九州之間，其間或合或離，或治或隳，或強或羸，或唱或隨，未始有兼世而能一其風俗者。吁！古者謂三十年為一世，豈徒然哉？俟化之必洽，教之必浹，民之情始可以一變矣。苟有命世之人繼世而興焉，則雖民如夷狄，三變而帝道可舉。惜乎時無百年之世，世無百年之人。比其有代，則賢之與不肖，何止於相半也！時之難，不其然乎？人之難，不其然乎？

「有的人適合一起學習，但未必能一起追求道義；有的人適合一起追求道義，但未必能一起堅守正道；有的人適合一起堅守正道，但未必能一起隨機應變。」由此可知歷經千秋萬代的時間，流傳千秋萬代的經典，怎能輕易地妄下結論劃定界限呢？

三皇的時代，如同春天；五帝的時代，如同夏天；三王的時代，如同秋天；五霸的時代，如同冬天；戰國七雄的時代，則是冬天中殘留的嚴寒。漢朝，雖有王者之風但不足；晉朝，霸業有餘而王道不足；三國時期，是霸主中的強者；十六國時期，是霸主叢生的時代；南方的五代，是霸主借勢而起的時期；北方的五朝，則是霸主先後交替的時期。隋朝，是晉朝的延續；唐朝，則是漢朝的繼承者。隋朝末年各郡的霸主，是江漢地區殘餘的波瀾；唐朝末年各鎮的霸主，是日月餘暉的映照；後五代的霸主，是日出前微弱的星光。

從堯帝至今，上下三千多年，前後一百多世，史書傳記中可以明確記載的。在四海之內，九州之間，這期間有的合併有的分裂，有的安定有的衰敗，有的強大有的弱小，有的引領有的追隨，從未有過一個世代能夠統一其風俗習慣的。唉！古人說三十年為一世，這豈是隨便說說的嗎？等待文化的深入普及，教育的充分滲透，民眾的情性才能開始改變。假若有能順應天命的人，連續幾代興起，那麼即使民眾如同夷狄一般，經過多次變革帝王的治世之道也可以實現。可惜沒有持續百年的時代，世上也沒有活過百年的人。等到下一代出現，賢能者與不肖者相比，又何止是一半對一半呢？時代的變遷，不艱難嗎？人心的轉變，不艱難嗎？

第十一篇

太陽之體數十，太陰之體數十二，少陽之體數十，少陰之體數十二。少剛之體數十，少柔之體數十二，太剛之體數十，太柔之體數十二。進太陽、少陽、太剛、少剛之體數，退太陰、少陰、太柔、少柔之體數，是謂太陽、少陽、太剛、少剛之用數。進太陰、少陰、太柔、少柔之體數，退太陽、少陽、太剛、少剛之體數，是謂太陰、少陰、太柔、少柔之用數。太陽、少陽、太剛、少剛之體數一百六十，太陰、少陰、太柔、少柔之體數一百九十二。太陽、少陽、太剛、少剛之用數一百一十二，太陰、少陰、太柔、少柔之用數一百五十二。以太陽、少陽、太剛、少剛之用數，唱太陰、少陰、太柔、少柔之用數，是謂日月星辰之變數；以太陰、少陰、太柔、少柔之用數，和太陽、少陽、太剛、少剛之用數，是謂水火土石之化數。日月星辰之變數一萬七千二十四，謂之動數；水火土石之化數一萬七千二十四，謂之植數。再唱和日月星辰、水火土石之變化，通數二萬八千九百八十一萬六千五百七十六，謂之動植通數。

日月星辰者，變乎暑寒晝夜者也；水火土石者，化乎

太陽的體數為十，太陰的體數為十二，少陽的體數為十，少陰的體數為十二。少剛的體數為十，少柔的體數為十二，太剛的體數為十，太柔的體數為十二。若將太陽、少陽、太剛、少剛的體數相加，並從總數中減去太陰、少陰、太柔、少柔的體數，得到的結果便是太陽、少陽、太剛、少剛的用數。若將太陰、少陰、太柔、少柔的體數相加，並從總數中減去太陽、少陽、太剛、少剛的體數，則得到太陰、少陰、太柔、少柔的用數。太陽、少陽、太剛、少剛的體數為一百六十，太陰、少陰、太柔、少柔的體數總和為一百九十二。太陽、少陽、太剛、少剛的用數為一百一十二，太陰、少陰、太柔、少柔的用數為一百五十二。將太陽、少陽、太剛、少剛的用數，乘以太陰、少陰、太柔、少柔的用數，得到日月星辰的變數；而將太陰、少陰、太柔、少柔的用數，加上太陽、少陽、太剛、少剛的用數，得到水火土石的化數。日月星辰的變數為一萬七千零二十四，被稱為動數；水火土石的變數為一萬七千零二十四，被稱為植數。再次乘以日月星辰、水火土石相加的變化，得到的總數為二億八千九百八十一萬六千五百七十六，被稱為動植通數。

日月星辰的變化，導致了寒暑交替和晝夜更迭；水火

雨風露雷者也；暑寒晝夜者，變乎性情形體者也；雨風露雷者，化乎走飛草木者也。暑變飛走木草之性，寒變飛走木草之情，晝變飛走木草之形，夜變飛走木草之體。雨化性情形體之走，風化性情形體之飛，露化性情形體之草，雷化性情形體之木。性情形體者，本乎天者也；飛走木草者，本乎地者也。本乎天者，分陰分陽之謂也；本乎地者，分柔分剛之謂也。夫分陰分陽、分柔分剛者，天地萬物之謂也。備天地萬物者，人之謂也。

土石的變化，帶來了雨風露雷等自然現象；寒暑與晝夜的變化，進一步影響了飛禽走獸與萬物的屬性、習性、形態、內在；雨風露雷的變化，化育出萬物的地面遷徙、空中遷徙、生根發芽、不斷成長的特性。暑熱改變了飛禽走獸、花草樹木的屬性，寒冷影響了飛禽走獸、花草樹木的習性，白天改變了飛禽走獸、花草樹木的形態，夜晚影響了飛禽走獸、花草樹木的內在。雨水滋養了具有行走能力的生物的屬性、習性、形態、內在，風助力了飛行生物的屬性、習性、形態、內在，露水促進了草木的屬性、習性、形態、內在，雷聲激化了樹木的屬性、習性、形態、內在。屬性、習性、形態、內在，是上天的賞賜；飛禽走獸、花草樹木，是大地的產物。源自上天的，可以分為陰與陽；源自大地的，可以分為柔與剛。劃分陰陽、劃分柔剛，稱為天地萬物。集天地萬物之精華的，稱為人。

第十二篇

有日日之物者也，有日月之物者也，有日星之物者也，有日辰之物者也。有月日之物者也，有月月之物者也，有月星之物者也，有月辰之物者也。有星日之物者也，有星月之物者也，有星星之物者也，有星辰之物者也。有辰日之物者也，有辰月之物者也，有辰星之物者也，有辰辰之物者也。日日物者，飛飛也；日月物者，飛走也；日星物者，飛木也；日辰物者，飛草也。月日物者，走飛也；月月物者，走走也；月星物者，走木也；月辰物者，走草也。星日物者，木飛也；星月物者，木走也；星星物者，木木也；星辰物者，木草也。辰日物者，草飛也；辰月物者，草走也；辰星物者，草木也；辰辰物者，草草也。

有皇皇之民者也，有皇帝之民者也，有皇王之民者

有與太陽相關的事物，有與太陽和月亮相關的事物，有與太陽和星星相關的事物，有與太陽和時辰相關的事物。有與月亮和太陽相關的事物，有與月亮相關的事物，有與月亮和星星相關的事物，有與月亮和時辰相關的事物。有與星星和太陽相關的事物，有與星星和月亮相關的事物，有與星星相關的事物，有與星星和時辰相關的事物。有與時辰和太陽相關的事物，有與時辰和月亮相關的事物，有與時辰和星星相關的事物，有與時辰相關的事物。與太陽相關的事物，擅長空中遷徙；與太陽和月亮相關的事物，擅長空中遷徙和地面遷徙；與太陽和星星相關的事物，擅長空中遷徙和不斷生長；與太陽和時辰相關的事物，擅長空中遷徙和生根發芽。與月亮和太陽相關的事物，擅長地面遷徙和空中遷徙；與月亮相關的事物，擅長地面遷徙；與月亮和星星相關的事物，擅長空中遷徙和不斷生長；與月亮和時辰相關的事物，擅長地面遷徙和生根發芽。與星星和太陽相關的事物，擅長不斷生長和空中遷徙；與星星和月亮相關的事物，擅長不斷生長和地面遷徙；與星星相關的事物，擅長不斷生長；與星星和時辰相關的事物，擅長不斷生長和生根發芽。與時辰和太陽相關的事物，擅長生根發芽和空中遷徙；與時辰和月亮相關的事物，擅長生根發芽和地面遷徙；與時辰和星星相關的事物，擅長生根發芽和不斷生長；與時辰相關的事物，擅長生根發芽。

有尊三皇之道的人民，有尊皇帝之道的人民，有尊皇

也，有皇伯之民者也。有帝皇之民者也，有帝帝之民者也，有帝王之民者也，有帝伯之民者也。有王皇之民者也，有王帝之民者也，有王王之民者也，有王伯之民者也。有伯皇之民者也，有伯帝之民者也，有伯王之民者也，有伯伯之民者也。皇皇民者，士士也；皇帝民者，士農也；皇王民者，士工也；皇伯民者，士商也。帝皇民者，農士也；帝帝民者，農農也；帝王民者，農工也；帝伯民者，農商也。王皇民者，工士也；王帝民者，工農也；王王民者，工工也；王伯民者，工商也。伯皇民者，商士也；伯帝民者，商農也；伯王民者，商工也；伯伯民者，商商也。

飛飛物者，性性也；飛走物者，性情也；飛木物者，性形也；飛草物者，性體也。走飛物者，情性也；走走物者，情情也；走木物者，情形也；走草物者，情體也。木飛物者，形性也；木走物者，形情也；木木物者，形形也；木草物者，形體也。草飛物者，體性也；草走物者，體情也；草木物者，體形也；草草物者，體體也。

王之道的人民，有尊皇霸之道的人民。有尊帝皇之道的人民，有尊五帝之道的人民，有尊帝王之道的人民，有尊帝霸之道的人民。有尊王皇之道的人民，有尊王帝之道的人民，有尊王道的人民，有尊王霸之道的人民。有尊霸皇之道的人民，有尊霸帝之道的人民，有尊霸王之道的人民，有尊霸道的人民。尊三皇之道的人民，是士人；尊皇帝之道的人民，是士人和農民；尊皇王之道的人民，是士人和工匠；尊皇霸之道的人民，是士人和商人。尊帝皇之道的人民，是農民和士人；尊五帝之道的人民，是農民；尊帝王之道的人民，是農民和工匠；尊帝霸之道的人民，是農民和商人。尊王皇之道的人民，是工匠和士人；尊王帝之道的人民，是工匠和農民；尊王道的人民，是工匠；尊王霸之道的人民，是工匠和商人。尊霸皇之道的人民，是商人和士人；尊霸帝之道的人民，是商人和農民；尊霸王之道的人民，是商人和工匠；尊霸道的人民，是商人。

能在空中遷徙之物，顯其屬性之本然；既能空中遷徙又能地面遷徙之物，屬性與習性交織；既能空中遷徙又能不斷生長之物，屬性與形態相融；既能空中遷徙又能生根發芽之物，屬性與內在相合。既能地面遷徙又能空中遷徙之物，習性與屬性並存；能在地面遷徙之物，顯其習性之純然；既能地面遷徙又能不斷生長之物，習性與形態相融；既能地面遷徙又能生根發芽之物，習性與內在相合。既能不斷生長又能空中遷徙之物，形態與屬性相融；既能不斷生長又能地面遷徙之物，形態與習性相融；能不斷生長之物，顯其形態之純然；既能不斷生長又能生根發芽之物，形態與內在相融。既能生根發芽又能空中遷徙之物，內在與屬性相合；既能生根發芽又能地面遷徙，內在與習性相合；既能生根發芽又能不

士士民者，仁仁也；士農民者，仁禮也；士工民者，仁義也；士商民者，仁智也。農士民者，禮仁也；農農民者，禮禮也；農工民者，禮義也；農商民者，禮智也。工士民者，義仁也；工農民者，義禮也；工工民者，義義也；工商民者，義智也。商士民者，智仁也；商農民者，智禮也；商工民者，智義也；商商民者，智智也。

飛飛之物一之一，飛走之物一之十，飛木之物一之百，飛草之物一之千。走飛之物十之一，走走之物十之十，走木之物十之百，走草之物十之千。木飛之物百之一，木走之物百之十，木木之物百之百，木草之物百之千。草飛之物千之一，草走之物千之十，草木之物千之百，草草之物千之千。

士士之民一之一，士農之民一之十，士工之民一之百，士商之民一之千。農士之民十之一，農農之民十之

斷生長之物，內在與形態相融；能生根發芽之物，顯其內在之純然。

士人與士人的關係，是仁德與仁德的結合；士人與農民的關係，是仁德與禮制的結合；士人與工匠的關係，是仁德與道義的結合；士人與商人的關係，是仁德與智慧的結合。農民與士人的關係，是禮制與仁德的結合；農民與農民的關係，是禮制與禮制的結合；農民與工匠的關係，是禮制與道義的結合；農民與商人的關係，是禮制與智慧的結合。工匠與士人的關係，是道義與仁德的結合；工匠與農民的關係，是道義與禮制的結合；工匠與工匠的關係，是道義與道義的結合；工匠與商人的關係，是道義與智慧的結合。商人與士人的關係，是智慧與仁德的結合；商人與農民的關係，是智慧與禮制的結合；商人與工匠的關係，是智慧與道義的結合；商人與商人的關係，是智慧與智慧的結合。

單一空中遷徙之物一比一，既能空中遷徙又能地面遷徙之物一比十，既能空中遷徙又能不斷生長之物一比百，既能空中遷徙又能生根發芽之物一比千。既能地面遷徙又能空中遷徙之物十比一，單一地面遷徙之物十比十，既能地面遷徙又能不斷生長之物十比百，既能地面遷徙又能生根發芽之物十比千。既能不斷生長又能空中遷徙之物百比一，既能不斷生長又能地面遷徙之物百比十，單一不斷生長之物百比百，既能不斷生長又能生根發芽之物百比千。既能生根發芽又能空中遷徙之物千比一，既能生根發芽又能地面遷徙之物千比十，既能生根發芽又能不斷生長之物千比百，單一生根發芽之物千比千。

士人與士人之比乃一比一，士人與農民之比乃一比十，士人與工匠之比乃一比百，士人與商人之比乃一比千。農民

十，農工之民十之百，農商之民十之千。工士之民百之一，工農之民百之十，工工之民百之百，工商之民百之千。商士之民千之一，商農之民千之十，商工之民千之百，商商之民千之千。

一一之飛當兆物，一十之飛當億物，一百之飛當萬物，一千之飛當千物。十一之走當億物，十十之走當萬物，十百之走當千物，十千之走當百物。百一之木當萬物，百十之木當千物，百百之木當百物，百千之木當十物。千一之草當千物，千十之草當百物，千百之草當十物，千千之草當一物。

一一之士當兆民，一十之士當億民，一百之士當萬民，一千之士當千民。十一之農當億民，十十之農當萬民，十百之農當千民，十千之農當百民。百一之工當萬民，百十之工當千民，百百之工當百民，百千之工當十民。千一之商當千民，千十之商當百民，千百之商當十民，千千之商當一民。

與士人之比乃十比一，農民與農民之比乃十比十，農民與工匠之比乃十比百，農民與商人之比，乃十比千。工匠與士人之比乃百比一，工匠與農民之比乃百比十，工匠與工匠之比乃百比百，工匠與商人之比乃百比千。商人與士人之比乃千比一，商人與農民之比乃千比十，商人與工匠之比乃千比百，商人與商人之比乃千比千。

一一之數的空中遷徙之物能對應兆數之物，一十之數的空中遷徙之物能對應億數之物，一百之數的空中遷徙之物能對應萬數之物，一千之數的空中遷徙之物能對應千數之物。十一之數的地面遷徙之物能對應億數之物，十十之數的地面遷徙之物能對應萬數之物，十百之數的地面遷徙之物能對應千數之物，十千之數的地面遷徙之物能對應百數之物。百一之數的不斷生長之物能對應萬數之物，百十之數的不斷生長之物能對應千數之物，百百之數的不斷生長之物能對應百數之物，百千之數的不斷生長之物能對應十數之物。千一之數的生根發芽之物能對應千數之物，千十之數的生根發芽之物能對應百數之物，千百之數生根發芽之物能對應十數之物，千千之數的生根發芽之物能對應一物。

一一之數的士人能對應兆數之民，一十之數的士人能對應億數之民，一百之數的士人能對應萬數之民，一千之數的士人能對應千數之民。十一之數的農民能對應億數之民，十十之數的農民能對應萬數之民，十百之數的農民能對應千數之民，十千之數的農民能對應百數之民。百一之數的工匠能對應萬數之民，百十之數的工匠能對應千數之民，百百之數的工匠能對應百數之民，百千之數的工匠能對應十數之民。千一之數的商人能對應千數之民，千十之數的商人能對應百數之民，千百之數的商人能對應十數之民，千千之數的商人能對

為一一之物，能當兆物者，非巨物而何？為一一之民，能當兆民者，非巨民而何？為千千之物，能分一物者，非細物而何？為千千之民，能分一民者，非細民而何？固知物有大小、民有賢愚。移昊天生兆物之德而生兆民，則豈不謂至神者乎？移昊天養兆物之功而養兆民，則豈不謂至聖者乎？吾而今而後，知踐形為大。非大聖大神之人，豈有不負於天地者乎？

夫所以謂之觀物者，非以目觀之也；非觀之以目，而觀之以心也；非觀之以心，而觀之以理也。天下之物，莫不有理焉，莫不有性焉，莫不有命焉。所以謂之理者，窮之而後可知也；所以謂之性者，盡之而後可知也；所以謂之命者，至之而後可知也。此三知者，天下之真知也。雖聖人無以過之也，而過之者非所以謂之聖人也。夫鑑之所以能為明者，謂其能不隱萬物之形也。雖然鑑之能不隱萬物之形，未若水之能一萬物之形也。雖然水之能一萬物之形，又未若聖人之能一萬物之情也。聖人之所以能一萬物之情者，謂其聖人之能反觀也。所以謂之反觀者，不以我觀物也。不以我觀物者，以物觀物之謂也。既能以物觀物，又安有我於其間哉？是知我亦人也，人亦我也，我與人皆物也。此所以能用天下之目為己之目，其目無所不觀

應一民。

一個一一之物，對應兆數之物，難道不是巨大的事物嗎？一個一一之民，對應兆數之民，難道不是傑出的人嗎？一個千千之數的事物，能分到一物，難道不是微小的事物嗎？一個千千之數的民眾，能分到一民的身份，難道不是普通的民眾嗎？由此可知物有大小之分、民有賢愚之別。將上天創造兆數之物的德行用於創造兆數之民，這難道不是至極的神妙嗎？將上天養育兆數之物的功績用於養育兆數之民，這難道不是至極的聖明嗎？我從今以後，明白了踐行人的天賦本性是最為重要的。如果不是大聖大神之人，又怎能不辜負天地的恩德呢？

所謂觀物，並非僅僅用眼睛去看；不是僅用眼觀，而是用心去感受；不僅僅用心感受，更是用理智去理解。世間萬物，無不蘊含著道理，無不具有其本性，無不遵循天命。稱之為理的，是因為深入探究後才能理解它；稱之為性的，是因為徹底了解後才能認識它；稱之為命的，是因為達到極致後才能領悟它。這三種認知，是世間最深刻的真知。即使是聖人也無法超越，而能超越這些的也就不能被稱為聖人了。鏡子之所以明亮，是因為它能不隱藏任何物體的形態。雖然鏡子能不隱藏物體形態，卻不如水那樣能統一容納萬物的形態。雖然水能統一容納萬物形態，又不如聖人那樣能統一理解萬物的內在情感。聖人之所以能統一理解萬物的情感，是因為他們能做到反觀自省。所謂反觀，就是不以自己的主觀意識去觀察事物。不以自己的主觀意識去觀察事物，讓事物以其本來的面貌呈現。既然能以物觀物，那麼觀察的過程中哪裏還有我的存在呢？由此可知我也是人，人也是我，我與人都是物的一部分。因此聖人能夠用全天下的眼睛作為自己

矣；用天下之耳為已之耳，其耳無所不聽矣；用天下之口為己之口，其口無所不言矣；用天下之心為已之心，其心無所不謀矣。夫天下之觀，其於見也不亦廣乎？天下之聽，其於聞也不亦遠乎？天下之言，其於論也不亦高乎？天下之謀，其於樂也不亦大乎？夫其見至廣、其聞至遠、其論至高、其樂至大，能為至廣、至遠、至高、至大之事，而中無一為焉，豈不謂至神至聖者乎？非惟吾謂之至神至聖，而天下亦謂之至神至聖，非惟一時之天下謂之至神至聖，而千萬世之天下亦謂之至神至聖者乎！過此以往，未之或知也已。

的眼睛，這樣的眼睛沒有甚麼不能看的；用全天下的耳朵作為自己的耳朵，這樣的耳朵沒有甚麼不能聽的；用全天下的口作為自己的口，這樣的口沒有甚麼不能說的；用全天下的心作為自己的心，這樣的心沒有甚麼不能謀劃的。從天下的視角來看，其視野豈不是極其廣闊？從天下的聽覺來聽，其聽聞豈不是極其深遠？用天下的言辭來討論，其言論豈不是極其高深？以天下的智慧來謀劃，其樂趣豈不是極其宏大？聖人見之至廣、聞之至遠、論之至高、樂之至大，能做成至廣、至遠、至高、至大的事情，而心中卻無所執著，這難道不是至神至聖的表現嗎？不僅我認為他們是至神至聖的，全天下的人也都認為他們是至神至聖的，不僅當世的人認為他們是至神至聖的，千秋萬代之後的人們也仍然會認為他們是至神至聖的！除此之外，恐怕再也沒有甚麼更高的境界了。

觀物外篇　上

天數五，地數五，合而為十，數之全也。天以一而變四，地以一而變四。四者有體也，而其一者無體也，是謂有無之極也。天之體數四，而用者三，不用者一也；地之體數四，而用者三，不用者一也。是故無體之一，以況自然也；不用之一，以況道也；用之者三，以況天、地、人也。

體者八變，用者六變。是以八卦之象，不易者四，反易者二，以六卦變而成八也。

重卦之象，不易者八，反易者二十八，以三十六變而成六十四也。

故爻止於六，卦盡於八，策窮於三十六，而重卦極於六十四也。卦成於八，重於六十四。爻成於六，策窮於三十六，而重於三百八十四也。

天有四時，一時四月，一月四十日，四四十六而各去其一，是以一時三月，一月三十日也。四時，體數也；三月、三十日，用數也。體雖具四，而其一常不用也。故用者止於三而極於九也。體數常偶，故有四有十二；用數常奇，故有三有九。

大數不足而小數常盈者，何也？以其大者不可見而小者可見也。故時止乎四，月止乎三，而日盈乎十也。是以

天數有五，地數有五，天地數相加為十，這是數目的完備。天由一個基本數衍變出四個數，地由一個基本數衍變出四個數。四個變數有其本質，一個基本數則沒有其本質，稱為有與無的極限。天的體數有四個，其中三個被運用，一個不被運用；地的體數有四個，其中三個被運用，一個不被運用。因此沒有本質的一個數，用以模擬自然的無形；那不被運用的一個數，用以模擬道的虛無；而被運用的三個數，則用以模擬天、地、人三者。

具體的形體有八種變化，而被運用的數有六種變化。所以八卦的卦象中，有四個是不變的，兩個是相反相易的，由這六個卦變化而形成了八個卦。

重卦的卦象中，有八個是不變的，二十八個是相反相易的，由這三十六種變化而形成了六十四卦。

因此爻的變化到六就停止了，卦的變化到八就窮盡了，蓍草策數的變化到三十六就窮盡了，而重卦的變化極限為六十四。卦的構成以八個為限，重卦則以六十四卦為限。爻的構成以六個為限，蓍草策數的變化到三十六就窮盡了，而在重卦中則總共有三百八十四爻。

天有四季，一季有四個月，一個月有四十天，四四得十六每季、每月、每日都各減去一個數，所以一季實際上只有三個月，一個月實際上只有三十天。四季，是體數；三月、三十日，是用數。體數雖然有四個，但其中一個常常不被使用。所以用數止於三個而極數則到九個。體數常常是偶數，所以有四和十二；用數常常是奇數，所以有三和九。

大的數目不足而小的數目常常盈餘，這是為甚麼？因為大的數目所代表的是不可見的事物而小的數目所代表的則是

人之肢體有四而指有十也。

天見乎南而潛乎北，極於六而餘於七。是以人知其前，昧其後，而略其左右也。

天體數四，而用三；地體數四，而用三。天克地，地克天，而克者在地，猶晝之餘分在夜也。是以天三而地四，天有三辰，地有四行也。然地之大且見且隱，其餘分之謂邪？

乾七子，兌六子，離五子，震四子，巽三子，坎二子，艮一子，坤全陰，故無子。乾七子，坤六子，兌五子，艮四子，離三子，坎二子，震一子，巽陰剛，故無子。

天有二正，地有二正，而共用二變以成八卦也。天有四正，地有四正，共用二十八變以成六十四卦也。是以小成之卦，正者四，變者二，共六卦也；大成之卦，正者八，變者二十八，共三十六卦也。乾、坤、離、坎，為三十六卦之祖也；兌、震、巽、艮，為二十八卦之祖也。

乾、坤七變，是以晝夜之極不過七分也；艮、兌六變，是以月止於六，共為十二也；離、坎五變，是以日止於五，共為十也；震、巽四變，是以體止於四，共為八也。

可見的事物。所以季節只到四個，月份只到三個，而日子則盈滿到十個。這就是為甚麼人的肢體有四個，而手指卻有十個的原因。

天在南邊顯現而在北邊隱沒，數到六就餘下七。因此人們只知道前面，對後面卻一無所知，對左右也只是一知半解。

天體數有四個，只運用三個；地體數有四個，只運用三個。天克地，地克天，而克的作用在於地，就像白晝的餘分在夜晚一樣。所以天數為三地數為四，天有三辰日、月、星，地有四行金、木、水、火。然而地之大時隱時現，這大概就是它餘分的表現吧？

乾卦有七個子卦，兌卦有六個子卦，離卦有五個子卦，震卦有四個子卦，巽卦有三個子卦，坎卦有兩個子卦，艮卦有一個子卦，坤卦全是陰爻，所以沒有子卦。乾卦有七個子卦，坤卦有六個子卦，兌卦有五個子卦，艮卦有四個子卦，離卦有三個子卦，坎卦有兩個子卦，震卦有一個子卦，巽卦因為是陰卦中的剛卦，所以沒有子卦。

天有兩個正數，地有兩個正數，它們共同使用兩個變數來形成八卦。天有四個正數，地有四個正數，它們共同使用二十八個變數來形成六十四卦。因此在小成的卦中，正數有四個，變數有兩個，共六個卦；在大成的卦中，正數有八個，變數有二十八個，共三十六個卦。乾、坤、離、坎，是三十六卦的根源，兌、震、巽、艮，則是二十八卦的根源。

乾、坤兩卦各有七種變化，所以晝夜的變化極限不過七分；艮、兌兩卦各有六種變化，所以月份的變化到六就停止了，兩者加起來為十二；離、坎兩卦各有五種變化，所以日的變化到五就停止了，兩者加起來為十；震、巽兩卦各有四

卦之正、變，共三十六，而爻又有二百一十六，則用數之策也。三十六去四，則三十二也，又去四，則二十八也，又去四，則二十四也。故卦數三十二位，去四而言之也。天數二十八位，去八而言之也；地數二十四位，去十二而言之也。四者，乾、坤、離、坎也；八者，並頤、中孚、大、小過也；十二者，並兌、震、泰、既濟也。

日有八位，而用止於七，去乾而言之也；月有八位，而用止於六，去兌而言之也；星有八位，而用止於五，去離而言之也；辰有八位，而用止於四，去震而言之也。

日有八位，而數止於七，去泰而言之也。

月自兌起者，月不能及日之數也，故十二月常餘十二日也。

陽無十，故不足於後；陰無一，故不足於首。

乾，陽中陽，不可變，故一年止舉十二月也；震，陰中陰，不可變，故一日之十二時不可見也。兌，陽中陰，離，陰中陽，皆可變，故日月之數可分也。是以陰數以十二起，陽數以三十起，常存二、六也。

舉年見月，舉月見日，舉日見時，陽統陰也。是天四變含地四變，日之變含月與星辰之變也。是以一卦含四卦

種變化，所以體的變化到四就停止了，兩者加起來為八。

卦的正、變，總共有三十六種，而爻又有二百一十六個，這是用數的策算來得出的。三十六減去四，得到三十二，再減去四，得到二十八，再減去四，得到二十四。所以卦數是三十二位，這是去掉四個之後的數。天數有二十八位，這是去掉八個之後的數；地數有二十四位，這是去掉十二個之後的數目。這四個數，對應的是乾、坤、離、坎四卦；八個數，則併入了頤、中孚、大過、小過卦；十二個數，則併入了兌、震、泰、既濟卦。

日有八位，實際應用中只用到七個，這是去掉了乾位而言的；月有八位，實際應用中只用到六個，這是去掉了兌位而言的；星有八位，實際應用中只用到五個，這是去掉了離位而言的；辰有八位，實際應用中只用到四個，這是去掉了震位而言的。

日有八位，日之數只到七，這是去掉了泰卦位而言的。

月從兌位開始算起，是因為月之數達不到日之數，所以一年中的十二個月常常剩餘十二天。

陽數沒有十，其後續發展便顯得不足；陰數沒有一，因此在起始階段的發展顯得不足。

乾位，是陽中陽，不可改變，所以一年只計算十二個月；震位，是陰中陰，不可變，所以一天中的十二個時辰不能全部顯現。兌位，是陽中陰，離位，是陰中陽，它們都可以變化，所以日月之數可以分割。因此陰數從十二開始計數，陽數從三十開始計數，常常保留二、六。

通過觀察一年的變化可以了解月份的變化，通過觀察一個月的變化可以了解每日的變化，通過觀察一天的變化可以

也。

日一位，月一位，星一位，辰一位。日有四位，月有四位，星有四位，辰有四位。四四十有六位，盡此一變而日月之數窮矣。

天有四變，地有四變。變，有長也，有消也。十有六變，而天地之數窮矣。

日起於一，月起於二，星起於三，辰起於四。引而伸之，陽數常六，陰數常二，十有二變而大小之運窮矣。

三百六十變為十二萬九千六百。

十二萬九千六百變為一百六十七億九千六百一十六萬。

一百六十七億九千六百一十六萬變為二萬八千二百一十一兆九百九十萬七千四百五十六億。

以三百六十為時，以一十二萬九千六百為日，以一百六十七億九千六百一十六萬為月，以二萬八千二百一十一兆九百九十萬七千四百五十六億為年，則大小運之數立矣。

二萬八千二百一十一兆九百九十萬七千四百五十六億分而為十二，前六限為長，後六限為消，以當一年十二月

了解時辰的變化，這是陽統率陰的表現。天的四種變化包含著地的四種變化，日的變化又包含著月與星辰的變化。所以一個卦中蘊含著另外四個卦。

日佔一個方位，月佔一個方位，星佔一個方位，辰佔一個方位。日有四個不同的方位組合，月有四個不同的方位組合，星有四個不同的方位組合，辰有四個不同的方位組合。四四十六位，通過所有的變化日月的方位置就已經被完全描述出來了。

天有四種變化，地有四種變化。變化，有增長，有消減。十六種變化，這樣天地的運行規律就完全揭示了。

日從一開始，月從二開始，星從三開始，辰從四開始。推而廣之，陽數通常是六，陰數通常是二，經過十二種變化，宇宙運行的大小周期就完全揭示了。

三百六十變為十二萬九千六百。

十二萬九千六百變為一百六十七億九千六百一十六萬。

一百六十七億九千六百一十六萬變為二萬八千二百一十一兆九百九十萬七千四百五十六億。

以三百六十為一個時辰，以十二萬九千六百為一天，以一百六十七億九千六百一十六萬為一個月，以二萬八千二百一十一兆九百九十萬七千四百五十六億為一年，那麼宇宙運行的大小周期就完全揭示了。

二萬八千二百一十一兆九百九十萬七千四百五十六億分成十二個階段，前六個階段為增長期，後六個階段為消退

之數，而進退三百六十日矣。

一百六十七億九千六百一十六萬分而為三十，以當一月三十日之數，隨大運消長而進退六十日矣。

十二萬九千六百分而為十二，以當一日十二時之數，而進退六日矣。

三百六十以當一時之數，隨小運之進退以當晝夜之時也。

十六變之數去其交數，取其用數，得二萬八千二百一十一兆九百九十萬七千四百五十六億。

二萬八千二百一十一兆九百九十萬七千四百五十六億，分而為十二限，前六限為長，後六限為消，每限得十三億九千九百六十八萬之一百六十七億九千六百一十六萬。

每一百六十七億九千六百一十六萬年，開一分，進六十日也；六限開六分，進三百六十日也。猶有餘分之一，故開七分，進三百六十六日也。其退亦若是矣。

十二萬九千六百，去其三者；交數也，取其七者，用數也。用數三而成於六，加餘分故有七也。

七之得九萬七百二十年，半之得四萬五千三百六十年，以進六日也。日有晝夜，數有朓朒，以成十有二日也。

期，這對應於一年中的十二個月，並且隨著三百六十天的循環而有所增減。

一百六十七億九千六百一十六萬分成三十個部分，對應於一個月中的三十天，並隨著宇宙運行大周期的消長而增減六十天。

十二萬九千六百分成十二個部分，對應於一天中的十二個時辰，並隨著六天的循環而有所增減。

三百六十代表一個時辰的數目，隨著宇宙運行小周期的進退而對應於晝夜的時間。

從十六個變數中去掉相交的部分，只取用數，就得到了二萬八千二百一十一兆九百九十萬七千四百五十六億。

二萬八千二百一十一兆九百九十萬七千四百五十六億，分成十二個階段，前六個階段為增長期，後六個階段為消退期，每個階段包含了一百六十七億九千六百一十六萬的十三億九千九百六十八萬分之一。

每過一百六十七億九千六百一十六萬年，就增加一分，相當於進六十天；六個階段共增加六分，即進三百六十天。由於有剩餘所以再增加一分，所以增加七分，進至三百六十六天。其消退的也是如此。

十二萬九千六百，去掉三成；交數，保留七成，是用數。用數的部分通過三次變化得到六，再加上剩餘的部分得到七。

七次變化得到九萬七百二十年，折半則得到四萬五千三百六十年，這是為了調整六天的進退。由於白天和黑夜的交替，以及月亮的盈虧，所以形成了十二天的周期。

每三千六百年進一日，凡四萬三千二百年進十有二日也。餘二千一百六十年以進餘分之六，合交數之二千一百六十年，共進十有二分以為閏也。故小運之變，凡六十，而成三百六十有六日也。六者，三天也；四者，兩地也。天統乎體而托地以為體，地分乎用而承天以為用。天地相依，體用相附。

乾為一。乾之五爻分而為大有，以當三百六十之數也；乾之四爻分而為小畜，以當十二萬九千六百之數也；乾之三爻分而為履，以當一百六十七億九千六百一十六萬之數也；乾之二爻分而為同人，以當二萬八千二百一十一兆九百九十萬七千四百五十六億之數也；乾之初爻分而為姤，以當七秭九千五百八十六萬六千一百十垓九千九百四十六萬四千八京八千四百三十九萬一千九百三十六兆之數也。是謂分數也。分大為小，皆自上而下，故以陽數當之。如一分為十二，十二分為三百六十也。

一生二為夬，當十二之數也；二生四為大壯，當四千三百二十之數也；四生八為泰，當五億五千九百八十七萬二千之數也；八生十六為臨，當九百四十兆三千六百九十九萬六千九百一十五億二千萬之數也；十六生三十二為復，當二千六百五十二萬八千八百七十垓三千六百六十四萬八千八百京二千九百四十七萬九千七百三十一兆二千萬億之數也；三十二生六十四為坤，當無極之數也。是謂長

每三千六百年增加一天，總共四萬三千二百年就增加了十二天。另外還有兩千一百六十年用於調整剩餘部分的六天，與相交的兩千一百六十年相加，總共增加了十二分形成了一個閏年。所以宇宙運行小周期的變化，總共有六十次，形成了三百六十六天的周期。六，代表三天；四，代表兩地。天統領著本體並依托地來形成這個本體，地則分擔著功用並承接天來發揮這個功用。天和地相互依存，本體和功用緊密相連。

乾為一。乾卦的第五爻變化後形成大有卦，對應三百六十這個數；乾卦的第四爻變化後形成小畜卦，對應十二萬九千六百這個數；乾卦的第三爻變化後形成履卦，對應一百六十七億九千六百一十六萬這個數；乾卦的第二爻變化後形成同人卦，對應二萬八千二百一十一兆九百九十萬七千四百五十六億這個數；乾卦的初爻變化後形成姤卦，對應七秭九千五百八十六萬六千一百十垓九千九百四十六萬四千八京八千四百三十九萬一千九百三十六兆這個數。這是所謂的分數變化。從大到小的分化，都是從上到下的過程，因此用陽數來表示。就像一分為十二，十二再分為三百六十。

一生二形成夬卦，對應十二這個數；二生四形成大壯卦，對應四千三百二十這個數；四生八形成泰卦，對應五億五千九百八十七萬二千這個數；八生十六形成臨卦，對應九百四十兆三千六百九十九萬六千九百一十五億二千萬這個數；十六生三十二形成復卦，對應二千六百五十二萬八千八百七十垓三千六百六十四萬八千八百京二千九百四十七萬九千七百三十一兆二千萬億這個數；三十二生六十四形成坤卦，對應無窮無盡的數。這是增長的過程。從小到大的增

數也。長小為大，皆自下而上，故以陰數當之。

天統乎體，故八變而終於十六；地分乎用，故六變而終於十二。天起於一，而終於七秭九千五百八十六萬六千一百一十垓九千九百四十六萬四千八京八千四百三十九萬一千九百三十六兆；地起於十二，而終於二百四垓六千九百八十萬七千三百八十一京五千四百九十三萬八千四百九十九兆七百二十萬億也。

有地，然後有二；有二，然後有晝夜。二三以變，錯綜而成，故《易》以二而生，數以十二而變，而一非數也，非數而數以之成也。天行不息，未嘗有晝夜，人居地上以為晝夜，故以地上之數為人之用也。

天自臨以上，地自師以上，運數也；天自同人而下，地自遯以下，年數也。運數則在天者也，年數則在地者也。天自賁以上，地自艮以上，用數也；天自明夷以下，地自否以下，交數也；天自震以上，地自晉以上，有數也；天自益以下，地自豫以下，無數也。

天之有數，起乾而止震。余入於無者，天辰不見也。地去一而起十二者，地火常潛也。故天以體為基而常隱其基，地以用為本而常藏其用也。

長，都是自下而上的過程，因此用陰數來表示。

天統領著本體，所以經過八次變化最終到達十六；地分擔功用，所以經過六次變化最終到達十二。天從一開始，最終到達七秭九千五百八十六萬六千一百一十垓九千九百四十六萬四千八京八千四百三十九萬一千九百三十六兆；地從十二開始，最終到達二百四垓六千九百八十萬七千三百八十一京五千四百九十三萬八千四百九十九兆七百二十萬億。

有了地，然後才有了二；有了二，然後才有了晝夜。二和三的變化，交錯複雜地形成萬物，所以《易經》以二為基礎而衍生，數以十二為變化，而一並不是具體的數，但它卻是數得以形成的基礎。天道運行不息，並沒有晝夜之分，人們生活在地上，所以有了晝夜的概念，因此以地上的數來作為人們使用的依據。

天道運行從臨卦以上，地道運行從師卦以上，這是描述天地運行的大周期；天道運行從同人卦以下，地道運行從遯卦以下，這是描述一年的周期變化。運數關聯天道的運行，年數則關聯地道的運行。天道從賁卦以上，地道從艮卦以上，這是描述天地功能的運用；天道從明夷卦以下，地道從否卦以下，這是描述天地陰陽的交替；天道從震卦以上，地道從晉卦以上，這是描述天地間的存在狀態；天道從益卦以下，地道從豫卦以下，這是描述天地間的隱匿狀態。

天道的存在，從乾卦開始到震卦結束。其餘部分歸於無形，因為天道中的星辰有時並不顯現。地道從一開始到十二結束，因為地火常常隱藏在地表之下。所以天道以本體為基礎但常常隱藏其基礎，地道以功用為根本但常常隱藏其功用。

一時止於三月，一月止於三十日，皆去其辰數也。是以八八之卦六十四，而不變者八，可變者七八五十六，其義亦由此矣。陽爻，晝數也；陰爻，夜數也。天地相銜，陰陽相交。故晝夜相雜，剛柔相錯。春夏，陽多也，故晝數多夜數少；秋冬，陰多也，故晝數少夜數多。

體數之策三百八十四，去乾、坤、離、坎之策，為用數三百六十；體數之用二百七十，去乾與離、坎之策，為用數之用二百五十二也。體數之用二百七十，其一百五十六為陽，一百一十四為陰。去離之策，得一百五十二陽、一百一十二陰，為實用之數也。蓋陽去離而用乾，陰去坤而用坎也。是以天之陽策一百一十二，去其陰也；地之陰策一百一十二，陽策四十，去其南北之陽也。極南大暑，極北大寒，物不能生，是以去之也。其四十，為天之餘分耶！陽侵陰，晝侵夜，是以在地也。合之為一百五十二陽、一百一十二陰也。陽去乾之策，陰去坎之策，得一百四十四陽、一百八陰，為用數之用也。陽三十六，三之為一百八；陰三十六，三之為一百八。三陽三陰，陰陽各半也。陽有餘分之一為三十六。合之為一百四十四陽、一百八陰也。故體數之用二百七十，而實用者二百六十四，用數之用二百五十二也。卦有六十四而用止乎三十六，爻有三百八十而用止於二百一十有六也。六十四分而為二百

一季只相當於三個月的時間，一個月只相當於三十天的時間，這都是因為去掉了星辰運行的時間。所以八八共有六十四卦，但其中不變的卦有八個，可以變化的卦有七八五十六個，這個道理也就在於此。陽爻，代表白天的時間；陰爻，代表夜晚的時間。天地相互銜接，陰陽相互交替。所以白天和黑夜相互交替，剛強和柔和相互交錯。春夏季節，陽氣較多，所以白天時間長夜晚時間短；秋冬季節，陰氣較多，所以白天時間短夜晚時間長。

體數的策是三百八十四，去掉乾、坤、離、坎四卦的策後，剩下的用數為三百六十；體數中可運用的部分是二百七十，去掉乾卦以及離、坎兩卦的策，剩下的可運用的用數為二百五十二。在體數的可運用部分二百七十中，一百五十六是陽數，一百一十四是陰數。去掉離卦的策，得到一百五十二陽數、一百一十二陰數，這是實際可用的數。這是因為陽數中去掉離卦而採用乾卦，陰數中去掉坤卦而只保留坎卦。所以天道的陽數是一百一十二，去除了陰數部分；地道的陰數也是一百一十二，陽數是四十，這是去除了南北兩極的陽數。最南炎熱，最北寒冷，生物無法生存，所以要將這兩部分去除。那四十，是天道的餘數！陽數侵佔陰數，白天侵佔夜晚，所以這部分陽數在地道上。合併起來就是一百五十二陽數、一百一十二陰數。陽數去掉乾卦的策，陰數去掉坎卦的策，得到一百四十四陽數、一百零八陰數，這是用數中可運用的部分。陽數三十六，三倍就是一百零八；陰數也是三十六，三倍同樣是一百零八。三陽三陰，陰陽各佔一半。陽數還多出一個餘數三十六。合併起來就是一百四十四陽數、一百零八陰數。所以體數中可運用的部分是二百七十，但實際運用的只有二百六十四，而用數中可運用的部分是二百五

五十六，是以一卦去其初、上之爻亦二百五十六也，此生物之數也。故離、坎為生物之主，以離四陽、坎四陰，故生物者必四也。陽一百一十二，陰一百一十二，去其離、坎之爻則二百一十六也。陰陽之四十共為二百五十六也。是以八卦用六爻，乾、坤主之也；六爻用四位，離、坎主之也。故天之昏曉不生物而日中生物，地之南北不生物而中央生物也。體數，何為者也？生物者也。用數，何為者也？運行者也。運行者，天也；生物者，地也。天以獨運，故以用數自相乘，而以用數之用為生物之時也。地耦而生，故以體數之用陽乘陰為生物之數也。天數三，故六六而又六之，是以乾之策二百一十有六；地數兩，故十二而十二之，是以坤之策百四十有四也。乾用九，故三其八為二十四，而九之亦二百一十有六；兩其八為十六，而九之亦百四十有四也。坤用六，故三其十二為三十六，而六之亦二百一十有六也；兩其十二為二十四，而六之亦百四十有四也。坤以十二之三，十六之四，六之一與半，為乾之餘分，則乾得二百五十二，坤得一百八也。

陽四卦十二爻，八陽四陰，以三十六乘其陽，以二十四乘其陰，則三百八十四也。

十二。卦有六十四個但實際運用的只有三十六個，爻有三百八十個但實際運用的只有二百一十六個。六十四卦可以細分為二百五十六個部分，所以一個卦如果去掉初爻、上爻也剩下二百五十六個部分，這是生物繁衍的數。因此離卦、坎卦是生物繁衍的主導，因為離卦有四個陽爻、坎卦有四個陰爻，所以生物繁衍必然以四為基數。陽數一百一十二，陰數也是一百一十二，去掉離卦、坎卦的爻數後，剩下二百一十六。陰陽各四十合計也是二百五十六。所以八卦用六個爻，由乾卦、坤卦主導；六個爻中用四個位，由離卦、坎卦主導。這就是為甚麼天空在黃昏和清晨時生物不會進行繁衍而在中午時會，大地在南北兩極生物不會進行繁衍而在中心地帶會。體數，代表甚麼？代表生物繁衍的基數。用數，代表甚麼？代表天地運行的規律。運行，是天道；生物繁衍，是地道。天道獨立運行，所以用數自相乘，而用數中可運用的部分代表生物繁衍的時機。地道則成對而生，所以體數中可運用的陽數乘以陰數代表生物繁衍之數。天數是三，所以六六相乘後再乘六，得到乾卦的策是二百一十六；地數是二，所以十二乘十二，得到坤卦的策是一百四十四。乾卦用九，所以三的八倍是二十四，再乘九也是二百一十六；二的八倍是十六，再乘九也是一百四十四。坤卦用六，所以三的十二倍是三十六，再乘六也是二百一十六；二的十二倍是二十四，再乘六也是一百四十四。坤卦以十二的三倍，十六的四倍，六的一倍和一半，作為乾卦的餘數，那麼乾卦得到二百五十二，坤卦得到一百零八。

陽四卦共有十二爻，其中八陽爻四陰爻，用三十六乘以陽爻數，用二十四乘以陰爻數，得出的總和就是三百八十四。

卦之反對，皆六陽六陰也。在《易》，則六陽六陰者，十有二對也。去四正者，八陽四陰、八陰四陽者，各六對也，十陽二陰、十陰二陽者，各三對也。

體有三百八十四而用止於三百六十，何也？以乾、坤、離、坎之不用也。乾、坤、離、坎之不用，何也？乾、坤、離、坎之不用，所以成三百六十之用也。故萬物變易，而四者不變也。夫惟不變，是以能變也。用止於三百六十而有三百六十六，何也？數之贏也。數之贏，則何用也？乾之全用也。乾、坤不用，則離、坎用半也。乾全用者，何也？陽主贏也。乾、坤不用者，何也？獨陽不生，寡陰不成也。離、坎用半，何也？離東坎西，當陰陽之半，為春秋晝夜之門也。或用乾，或用離、坎，何也？主贏而言之，故用乾也；主贏分而言之，則陽侵陰、晝侵夜，故用離、坎也。乾主贏，故全用也；陰主虛，故坤全不用也。陽侵陰，陰侵陽，故離、坎用半也。是以天之南全見而北全不見，東西各半見也，為稱陰陽之限也。故離當寅坎當申，而數常逾之者，蓋陰陽之溢也。然用數不過乎寅，交數不過乎申。（或離當卯坎當酉。）乾四十八而四分之，一分為陰所克；坤四十八而四分之，一分為所克之陽也。故乾得三十六，而坤得十二也。陽主進，是以進之為三百六十日；陰主消，是以十二月消十二日也。順數之，乾一，兌二，離三，震四，巽五、坎六、艮七、坤

六十四卦中相反相對的卦，都是由六個陽爻和六個陰爻組成。在《易經》中，有十二對這樣相反相對卦。去掉四個正卦，那麼剩下的卦中有八陽四陰、八陰四陽的卦，各六對，十陽二陰、十陰二陽的卦，各三對。

卦體有三百八十四爻但實際運用的只有三百六十爻，這是為甚麼呢？因為乾、坤、離、坎這四個卦在運算中是不被使用的。乾、坤、離、坎不被使用，這是為甚麼呢？乾、坤、離、坎不被使用，所以形成三百六十的功用。因此萬物都在變化，但乾、坤、離、坎這四個卦卻是不變的。正是因為它們不變，所以才能推動其他卦的變化。實際運用的數只有三百六十但又有三百六十六這個數，這是為甚麼呢？這是因為有盈餘的數存在。盈餘的數，有甚麼用呢？它是為了完全使用乾卦。當乾、坤不被使用時，離、坎就只用了一半。完全使用乾卦，這是為甚麼呢？因為陽是主導盈餘的。乾、坤不被使用，這是為甚麼呢？因為孤陽不生，獨陰不長。離、坎只用了一半，這是為甚麼呢？因為離在東坎在西，它們分別處於陰陽的中間位置，就像是春秋和晝夜的分界一樣。有時候用乾卦，有時候用離、坎兩卦，這是為甚麼呢？如果從整體盈餘的角度來看，就使用乾卦；如果從盈餘分配的角度來看，陽會侵入陰、晝會侵入夜，所以就使用離、坎兩卦。乾主導盈餘，所以被完全使用；陰主導虛空，所以坤完全不被使用。陽侵入陰，陰侵入陽，所以離、坎兩卦只用了一半。因此天的南邊能完全看到陽光而北邊完全看不到，東邊和西邊則各能看到一半，這就是陰陽的界限。所以離對應寅坎對應申，而數字常常會超出這個範圍，這是因為陰陽有盈餘。然而用數不會超過寅，交數字不會超過申。（另一種說法是離對應卯坎對應酉。）乾宮卦有四十八個爻分為四

八；逆數之，震一，離、兌二，乾三，巽四、坎、艮五、坤六也。乾四十八，兌三十，離二十四，震十，坤十二，艮二十，坎三十六，巽四十。乾三十六，坤十二，離、兌、巽二十八，坎、艮、震二十。（兑、離上正，更思之。）

圓數有一，方數有二，奇偶之義也。六即一也，十二即二也。

天圓而地方。圓者數之，起一而積六；方者數之，起一而積八。變之則起四而積十二也。六者常以六變，八者常以八變，而十二者亦以八變，自然之道也。八者，天地之體也；六者，天之用也；十二者，地之用也。天變方為圓而常存其一，地分一為四而常執其方。天變其體而不變其用也，地變其用而不變其體也。六者並其一而為七，十二者並其四而為十六也。陽主進，故天並其一而為七，陰主退，故地去其四而止於十二也。是陽常存一，而陰常晦一也。故天地之體止於八，而天之用極於七，地之用止於十二也。圓者刓方以為用，故一變四，四去其一則三也；三變九，九去其三則六也。方者引圓以為體，故一變三，

份，其中一份被陰所克制；坤宮卦也有四十八個爻同樣分為四份，其中一份是被它所克制的陽。所以乾卦實際得到三十六個爻，而坤卦只得到十二個爻。陽主導前進，所以進位成為三百六十天；陰主導消退，所以在十二個月中會消退十二天。按照順序數，乾是第一，兌是第二，離是第三，震是第四，巽是第五，坎是第六，艮是第七，坤是第八；逆序數則是震為第一，離、兌為第二，乾為第三，巽為第四，坎、艮為第五，坤為第六。乾有四十八，兌有三十，離有二十四，震有十，坤有十二，艮有二十，坎有三十六，巽有四十。乾有三十六，坤有十二，離、兌、巽有二十八，坎、艮、震有二十。（對於兌、離上面的正位，還需要再思考。）

圓數有一，方數有二，這體現了奇數和偶數的不同含義。六即是一，十二即是二。

天是圓的地是方的。對於圓來說，從一開始累積每次增加六；對於方來說，從一開始累積每次增加八。發生變化時方形從四開始累積，則每次增加十二。六常常以六的倍數變化，八常常以八的倍數變化，而十二也以八的倍數變化，這是自然的規律。八，代表了天和地的形態；六，代表了天的功用；十二，代表了地的功用。天將方變為圓但始終保持著一個核心不變，地將其整體分為四部分並始終保持著方的形態。天改變了它的形態但不改變它的功用，地改變了它的功用但不改變它的形態。六加上它始終保持的一就成了七，十二加上它分出的四就成了十六。陽主導前進，所以天加上它始終保持的一就成了七，陰主導後退，所以地去掉四就停留在十二。這就是陽常常保持一，而陰常常隱藏一。所以天和地的形態到八就停止了，天的功用到極致是七，地的功用則

並之四也；四變十二，並之十六也。故用數成於三而極於六，體數成於四而極於十六也。是以圓者徑一而圍三，起一而積六；方者分一而為四，分四而為十六，皆自然之道也。

一役二以生三，三去其一則二也。三生九，九去其一則八也，去其三則六也。故一役三，三復役二也。三役九，九復役八與六也。是以二生四，八生十六，六生十二也。三並一則為四，九並三則為十二，十二又並四則為十六。故四以一為本、三為用，十二以三為本、九為用，十六以四為本、十二為用。更思之。

陽尊而神。尊，故役物；神，故藏用。是以道生天地萬物而不自見也。天地萬物亦取法乎道矣。

陽者，道之用；陰者，道之體。陽用陰，陰用陽。以陽為用則尊陰，以陰為用則尊陽也。陰幾於道，故以況道也。

六變而成三十六矣，八變而成六十四矣，十二變而成三百八十四矣。六六而變之，八八六十四變而成三百八十四矣。八八而變之，七七四十九變而成三百八十四矣。

圓者六變。六六而進之，故六十變而三百六十矣；方者

到十二為止。圓通過削減方來發揮功用，所以一變為四，四去掉一就是三；三變為九，九去掉三就是六。方通過引入圓來構成形態，所以一變為三，加起來是四；四變為十二，加上四是十六。因此用數從三開始到六達到極致，體數從四開始到十六達到極致。這就是為甚麼圓的直徑是一周長是三，從一開始累積到六；方則被一分為四，再將四分為十六，這都是自然的規律。

一變化二以產生三，三去掉一就變成了二。三變化產生九，九去掉一就變成了八，去掉三就變成了六。所以一變化產生了三，而三又再次變化產生了二。三變化產生了九，九再次變化產生了八和六。因此二產生了四，八產生了十六，六產生了十二。三加上一等於四，九加上三等於十二，十二再加上四等於十六。所以四以一為本、三為用，十二以三為本、九為用，十六以四為本、十二為用。再深入思考一下。

陽是尊貴的並且具有神性。因為尊貴，所以能夠驅使萬物；因為具有神性，所以能夠隱藏其功用。因此道生出了天地和萬物但自己並不顯現。天地和萬物也都遵循道的原則。

陽，是道的外在表現和作用；陰，是道的內在本質和實體。陽依賴陰來發揮作用，陰也依賴陽來發揮作用。如果以陽為功用則應尊崇陰，如果以陰為功用則應尊崇陽。陰接近於道，因此可以用陰來類比道。

六變化成三十六，八變化成六十四，十二變化成三百八十四。六乘以六再變化，八乘以八變成六十四再變化就成了三百八十四。八乘以八再變化，七乘以七變成四十九再變化也成了三百八十四。

圓經歷了六次變化。每次六乘以六地遞進，所以六十次變化後就成了三百六十；方經歷了八次變化，所以八乘以八

八變，故八八而成六十四矣。陽主進，是以進之為六十也。

圓者，星也，歷紀之數，其肇於此乎？方者，土也，畫州井地之法，其仿於此乎？蓋圓者，河圖之數；方者，洛書之文，故羲、文因之而造《易》，禹、箕敘之而作《範》也。

蓍數不以六而以七，何也？並其餘分也。去其餘分則六，故策數三十六也。是以五十者，六十四卦閏歲之策也。其用四十有九者，六十四卦一歲之策也。歸奇卦一，猶一歲之閏也。卦直去四者，何也？天變而地效之。是以蓍去一則卦去四也。

圓者，徑一圍三，重之則六；方者，徑一圍四，重之則八也。

裁方而為圓，天之所以運行；分大而為小，地之所以生化。故天用六變，地用四變也。

一八為九，裁為七，八裁為六，十六裁為十二，二十四裁為十八，三十二裁為二十四，四十裁為三十，四十八裁為三十六，五十六裁為四十二，六十四裁為四十八也。一分為四，八分為三十二，十六分為六十四，以至九十六分為三百八十四也。

一生六，六生十二，十二生十八，十八生二十四，二十四生三十，三十生三十六。引而伸之，六十變而生三

就成了六十四。陽主導前進，所以它的變化是進六十次。

圓，代表星辰，曆法的計數，是從這裏開始的嗎？方，代表土地，劃分州縣的井田制度，就是模仿這個原理的嗎？大概圓，是河圖的數字；方，是洛書的圖案，所以伏羲和周文王根據這些創造了《易經》，大禹和箕子則根據這些編寫了《洪範》。

蓍草占卜時不用六而用七，這是為甚麼呢？這是為了把剩餘的數也考慮進去。如果去掉餘數那麼就是六，所以蓍草策數就是三十六。因此用五十根蓍草，代表六十四卦加上一個閏年的策數。而用四十九根，代表六十四卦一年的策數。歸奇卦多出的一根，就像一年中的一個閏月。每卦要直接去掉四根蓍草，這是為甚麼呢？這是因為天道變化地道效法的緣故。所以蓍草減去一根就意味著每卦要減去四根。

圓形，直徑為一則周長為三，如果重疊計算則為六；方形，直徑為一則周長為四，重疊計算則為八。

將方形裁剪成圓形，這是天運行的原因；將大的分割為小的，這是地孕育生命的道理。所以天的變化用六來表示，地的變化用四來表示。

一八為九，減為七，八減為六，十六減為十二，二十四減為十八，三十二減為二十四，四十減為三十，四十八減為三十六，五十六減為四十二，六十四減為四十八。如果一分為四，那麼八就分為三十二分，十六就分為六十四分，以至九十六分為三百八十四分。

一生出六，六生出十二，十二生出十八，十八生出二十四，二十四生出三十，三十生出三十六。依此類推，六十變化就能生出三百六十，這是宇宙運行之數。四生出十二，十

百六十矣，此運行之數也。四生十二，十二生二十，二十生二十八，二十八生三十六，此生物之數也。故乾之陽策三十六，兌、離、巽之陽策二十八，震、坎、艮之陽策二十，坤之陽策十二也。

圓者一變則生六，去一則五也；二變則生十二，去二則十也；三變則生十八，去三則十五也；四變則二十四，去四則二十也；五變則三十，去五則二十五也；六變則三十六，去六則三十也。是以存之則六六，去之則五五也。五則四而存一也，四則三而存一也，三則二而存一也，二則一而存一也。故一生二，去一則一也；二生三，去一則二也；三生四，去一則三也；四生五，去一則四也。是故二以一為本，三以二為本，四以三為本，五以四為本，六以五為本也。（更思之。）

方者一變而為四，四生八，並四而為十二；八生十二，並八而為二十；十二生十六，並十二而為二十八；十六生二十，並十六而為三十六也。一生三，並而為四也；十二生二十，並而為三十二也；二十八生三十六，並而為六十四也。（更思之。）

《易》之大衍，何數也？聖人之倚數也。天數二十五，合之為五十；地數三十，合之為六十。故曰「五位相得而各有合」也。五十者，蓍之數也；六十者，卦數也。五者，蓍之小衍也，數五十為大衍也；八者，卦之小

二生出二十，二十生出二十八，二十八生出三十六，這是生命繁衍之數。所以乾卦的陽爻有三十六策，兌、離、巽卦的陽爻有二十八策，震、坎、艮卦的陽爻有二十策，坤卦的陽爻有十二策。

圓形一變就生出六，去掉一就是五；再變就生出十二，去掉二就是十；三變生出十八，去掉三就是十五；四變生出二十四，去掉四就是二十；五變生出三十，去掉五就是二十五；六變生出三十六，去掉六就是三十。所以存在時就是六六，去掉後就是五五。五裏面存四而去掉一，四裏面存三而去掉一，三裏面存二而去掉一，二裏面存一而去掉一。因此一生出二，去掉一就是一；二生出三，去掉一就是二；三生出四，去掉一就是三；四生出五，去掉一就是四。所以二是以一為本，三是以二為本，四是以三為本，五是以四為本，六是以五為本。（再深入思考一下。）

方形一變成為四，四生出八，再加上原來的四就是十二；八生出十二，再加上原來的八就是二十；十二生出十六，再加上原來的十二就是二十八；十六生出二十，再加上原來的十六就是三十六。一生出三，再加上原來的就是四；十二生出二十，再加上原來的就是三十二；二十八生出三十六，再加上原來的就是六十四。（再深入思考一下。）

《易經》中的大衍之數，是甚麼樣的數呢？這是聖人依據的數。天數有二十五，合併起來就是五十；地數有三十，合併起來就是六十。所以說「五位相配而各有其合」。五十，是蓍草占卜時的數目；六十，是六十四卦的總數。五，是蓍草占卜時的小衍之數，數到五十則是大衍之數；八，是

成也，六十四為大成也。蓍德圓以況天之數，故七七四十九也。五十者，存一而言之也。卦德方以況地之數，故八八六十四也。六十者，去四而言之也。蓍者，用數也；卦者，體數也。用以體為基，故存一也；體以用為本，故去四也。圓者，本一；方者，本四。故蓍存一而卦去四也。蓍之用數七，并其餘分，亦存一之義也。掛其一，亦去一之義也。蓍之用數，掛一以象三，其餘四十八，則一卦之策也。四其十二為四十八也。十二去三而用九，四三十二，所去之策也；四九三十六，所用之策也，以當乾之三十六陽爻也。十二去五而用七，四五二十，所去之策也；四七二十八，所用之策也，以當兌、離之二十八陽爻也。十二去六而用六，四六二十四，所去之策也；四六二十四，所用之策也，以當坤之二十四陰爻也。十二去四而用八，四四十六，所去之策也；四八三十二，所用之策也，以當艮、坎之二十四爻，並上卦之八陰，為三十二爻也。是故七、九為陽，六、八為陰也。九者，陽之極數；六者，陰之極數。數極則反，故為卦之變也。震、巽無策者，以當不用之數。天以剛為德，故柔者不見；地以柔為體，故剛者不生。是震、巽不用也。（或先艮、離，後兌、離。）乾用九，故其策九也。四之者以應四時，一時九十日也。坤用六，故其策亦六也。

卦的小成之數，六十四則是大成之數。蓍草的德行圓潤用來模擬天數，所以七七四十九。五十，是保留一個餘數的說法。卦的德行方正用來模擬地數，所以八八六十四。六十，是去掉四個餘數的說法。蓍草，是用數；卦，是體數。用數要以體數為基礎，所以要保留一個餘數；體數要以用數為本，所以要去掉四個餘數。圓形，以一為根本；方形，以四為根本。所以蓍草占卜保留一個餘數而卦要去掉四個餘數。蓍草占卜的用數是七，如果還有其他餘數，也保留一個餘數的原則。掛起一個，也體現了去掉一個的原則。蓍草占卜的用數，掛起一個來象徵三，剩下的四十八就是一卦的策數。四乘十二就是四十八。十二裏面去掉三用九，四乘三就是十二，是去掉的策數；四乘九得三十六，是使用的策數，相當於乾卦的三十六個陽爻。十二裏面去掉五用七，四乘五就是二十，是去掉的策數；四乘七得二十八，是使用的策數，相當於兌卦、離卦的二十八個陽爻。十二裏面去掉六用六，四乘六就是二十四，是去掉的策數；四乘六得二十四，是使用的策數，相當於坤卦的一半二十四個陰爻。十二裏面去掉四用八，四乘四得到十六，是去掉的策數；四乘八得三十二，是使用的策數，相當於艮卦、坎卦的二十四個爻，加上上面卦的八個陰爻，一共是三十二個爻。所以七、九代表陽，六、八代表陰。九，是陽的極限數；六，是陰的極限數。數到了極限就會反轉，這就是卦的變化原因。震卦、巽卦沒有策數，是因為它們代表了不用的數。天以剛強為德行，所以柔弱不顯現；地以柔順為本質，所以剛強不產生。這就是震卦、巽卦不用的原因。（有的人可能先提艮卦、離卦，後提兑卦、離卦。）乾卦用九，所以它的策數也是九。用四來乘是為了對應四季，一季有九十天。坤卦用六，所以它的策數也是六。

奇數四，有一有二有三有四也；策數四，有六有七有八有九。合而為八數，以應方數之八變也。歸奇合卦之數有六，謂五與四四也，九與八八也，五與四八也，九與四八也，五與八八也，九與四四也，以應圓數之六變也。

奇數極於四而五不用，策數極於九而十不用。五則一也，十則二也。故去五、十而用四、九也。奇不用五，策不用十，有無之極也，以況自然之數也。

卦有六十四而用止六十者，何也？六十卦者，三百六十爻也，故甲子止於六十也，六甲而天道窮矣。是以策數應之，三十六與二十四，合之則六十也；三十二與二十八，合之亦六十也。

乾四十八，坤十二；震二十，巽四十；離、兌三十二，坎、艮二十八，合之為六十。蓍數全，故陽策三十六，與二十八合之為六十四也。卦數去其四，故陰策二十四，與三十二合之為五十六也。

九進之為三十六，皆陽數也，故為陽中之陽；七進之為二十八，先陽而後陰也，故為陽中之陰；六進之為二十四，皆陰數也，故為陰中之陰；八進之為三十二，先陰而後陽也，故為陰中之陽。

蓍四，進之則百；卦四，進之則百二十。百則十也，百二十則十二也。

奇數四個，有一有二有三有四；策數四個，有六有七有八有九。合起來是八個數，以對應方數的八種變化。歸奇合卦的數目有六個組合，分別是五與四的四倍，九與八的八倍，五與四的八倍，九與四的八倍，五與八的八倍，九與四的四倍，以對應圓數的六種變化。

奇數到四就為止了五就不用，策數到九就為止了十就不用。五其實就是一，十其實就是二。所以去掉五、十而用四、九。奇數不用五，策數不用十，這是有無的極限，用來模擬自然之數。

卦有六十四個但實際上只用六十個，為甚麼呢？因為六十個卦，就有三百六十個爻，所以甲子數到六十就停止了，六甲之後天道的循環就結束了。所以用策數來對應，三十六和二十四，相加就是六十；三十二和二十八，相加也是六十。

乾對應的數是四十八，坤對應的數是十二；震對應的數是二十，巽對應的數是四十；離、兌對應的數是三十二，坎、艮對應的數是二十八，這些數字加起來總和為六十。著草的總數是五十根，因此陽策總共有三十六根，與二十八相加就是六十四。卦的總數是六十四去掉其中的四個，因此的陰策就是二十四，與三十二相加就是五十六。

九進位得到三十六，都是陽數，所以是陽中的陽；七進位得到二十八，是先陽後陰，所以是陽中的陰；六進位得到二十四，都是陰數，所以是陰中的陰；八進位得到三十二，是先陰後陽，所以是陰中的陽。

著草四根一組，進位後是一百；卦四個一組，進位後是一百二十。一百對應的是十，一百二十對應的是十二。

歸奇合卦之數，得五與四四，則策數四九也；得九與八八，則策數四六也；得五與八八，得九與四八，則策數皆四七也；得九與四四，得五與四八，則策數皆四八也。為九者，一變以應乾也；為六者，一變以應坤也；為七者，二變以應兌與離也；為八者，二變以應艮與坎也。五與四四，去卦一之數，則四三十二也；九與八八，去卦一之數，則四六二十四也；五與八八、九與四八，去卦一之數，則四五二十也；九與四四、五與四八，去卦一之數，則四四十六也。故去其三、四、五、六之數，以成九、八、七、六之策也。

天一地二，天三地四，天五地六，天七地八，天九地十。參伍以變，錯綜其數也。如天地之相銜，晝夜之相交也。一者數之始，而非數也。故二二為四，三三為九，四四為十六，五五為二十五，六六為三十六，七七為四十九，八八為六十四，九九為八十一，而一不可變也。百則十也，十則一也，亦不可變也。是故數去其一而極於九，皆用其變者也。五五二十五，天數也；六六三十六，乾之策數也；七七四十九，大衍之用數也；八八六十四，卦數也；九九八十一，《玄》《範》之數也。

大衍之數，其算法之源乎？是以算數之起，不過乎方圓曲直也。

陰無一，陽無十。

將餘數歸攏到卦數中，如果得到五和兩個四，那麼策數就是四九；如果得到九和兩個八，策數就是四六；如果得到五和兩個八，或者得到九和四八，策數都是四七；如果得到九和兩個四，或者得到五和四八，策數都是四八。得到九，是因為一變對應乾；得到六，是因為一變對應坤；得到七，是因為二變對應兌和離；得到八，是因為二變對應艮和坎。五和兩個四，去掉一個卦的數，就是四三十二；九和兩個八，去掉一個卦的數，就是四六二十四；五和兩個八、九和四八，去掉一個卦的數，就是四五二十；九和兩個四、五和四八，去掉一個卦的數，就是四四十六。所以去掉三、四、五、六這些數，就形成了九、八、七、六的策數。

天一地二，天三地四，天五地六，天七地八，天九地十。通過不同的組合和變化，來交錯綜合地推算出其中的數理。它們就像天地相互銜接，晝夜相互交替一樣。一是數的開始，但它本身並不作為數來計算。所以二二得四，三三得九，四四十六，五五二十五，六六三十六，七七四十九，八八六十四，九九八十一，而一這個數字是不可變的。百對應十，十對應一，也是不可變的。所以數中去掉一後最大的就是九，這些都是利用數的變化來推演的。五五二十五，代表天數；六六三十六，是乾卦的策數；七七四十九，是大衍之數中用於占卜的數；八八六十四，是卦的總數；九九八十一，是《太玄經》和《洪範》中提到的數。

大衍之數，它的算法是從哪裏起源的呢？其實算數的起始，無非是基於方圓和曲直這些基本形狀。

陰數不包含一，陽數不包含十。

乘數，生數也；除數，消數也。算法雖多，不出乎此矣。

陽得陰而生，陰得陽而成。故蓍數四而九，卦數六而十也。猶干支之相錯，干以六終，而支以五終也。

三四十二也，二六亦十二也；二其十二二十四也，三八亦二十四也，四六亦二十四也；三其十二三十六也，四九亦三十六也，六六亦三十六也；四其十二四十八也，三其十六亦四十八也，六八亦四十八也；五其十二六十也，三其二十亦六十也，六其十亦六十也。皆自然之相符也。此蓋陰數分其陽數耳，是以相因也。如月初一全作十二也。二十四氣、七十二候之數，亦可因以明之。

四九三十六也，六六三十六也。陽六而又兼陰六之半，是以九也。故以二卦言之，陰陽各三也；以六爻言之，天、地、人各二也。陰陽之中，各有天、地、人；天、地、人之中，各有陰陽，故「參天兩地而倚數」也。

太極既分，兩儀立矣。陽下交於陰，陰上交於陽，四象生矣。陽交於陰、陰交於陽，而生天之四象；剛交於柔、柔交於剛，而生地之四象，於是八卦成矣。八卦相錯，然後萬物生焉。是故一分為二，二分為四，四分為八，八分為十六，十六分為三十二，三十二分為六十四。故曰「分陰分陽，疊用柔剛，故《易》六位而成章」也。

乘法，是用來產生新數的；除法，是用來消減數的。儘管算法多種多樣，但都不外乎這兩種基本原理。

陽數得到陰數的配合才能產生，陰數也需要陽數的配合才能成形。所以用蓍草算卦時以四和九為基礎，卦數是以六和十為基準。這就像天干地支的相互交錯，天干以六為終，地支以五為終。

三四得十二，二六也得到十二；二乘十二得到二十四，三乘八也得到二十四，四乘六都得到二十四；三乘十二得到三十六，四乘九也得到三十六，六乘六也得到三十六；四乘十二得到四十八，三乘十六也得到四十八，六乘八也到得四十八；五乘十二得到六十，三乘二十也得到六十，六乘十也得到六十。這些都是自然而然相符合的。這大概是因為陰數分散在陽數之中，所以它們之間有著相互的關聯。就像月初一的時候月亮看起來像是完整的十二分之一。二十四節氣、七十二物候的數量，也可以通過這種原理來闡明。

四九得三十六，六六得三十六。陽數六又包含了陰數六的一半，所以合起來就是九。因此從兩卦的角度來看，陰陽各佔三個；從六爻的角度來看，天、地、人各佔兩個。陰陽之中，又各自包含天、地、人；天、地、人之中，又各自有陰陽的存在，這就是「參天兩地而倚數」的道理。

太極分離後，兩儀便確立了。陽氣向下與陰氣相交，陰氣向上與陽氣相交，於是四象就產生了。陽與陰相交、陰與陽相交，生成天上的四象；剛與柔相交、柔與剛相交，生成地上的四象，這樣八卦就形成了。八卦相互交錯組合，然後萬物就在這種組合變化中誕生了。所以一分為二，二分為四，四分為八，八分為十六，十六分為三十二，三十二分為

十分為百，百為分千，千分為萬，猶根之有干，干之有枝，枝之有葉，愈大則愈少，愈細則愈繁。合之斯為一，衍之斯為萬。是故乾以分之，坤以翕之，震以長之，巽以消之。長則分，分則消，消則翕也。

乾、坤，定位也；震、巽，一交也；兌、離、坎、艮，再交也。故震陽少而陰尚多也，巽陰少而陽尚多也，兌、離陽浸多也，坎、艮陰浸多也，是以辰與火不見也。

一氣分而陰陽判，得陽之多者為天，得陰之多者為地。是故陰陽半而形質具焉，陰陽偏而性情分焉。形質各分，則多陽者為剛也，多陰者為柔也；性情又分，則多陽者，陽之極也；多陰者，陰之極也。

兌、離、巽，得陽之多者也；艮、坎、震，得陰之多者也。是以為天地用也。乾陽極，坤陰極，是以不用也。

乾四分取一以與坤，坤四分取一以奉乾。乾、坤合而生六子，三男皆陽也，三女皆陰也。兌分一陽以與艮，坎分一陰以奉離，震、巽以二相易。合而言之，陰陽各半，是以水火相生而相克，然後既成萬物也。

六十四。因此說「陰陽的區分和相互作用，柔和剛的交替運用，因此《易經》通過六個爻位的變化組合構成了完整的體系」。十分為百，百分為千，千分為萬，這就像樹根生出樹幹，樹幹長出樹枝，樹枝再長出樹葉一樣，越往大的方向分數量就越少，但每一個部分都更加細緻複雜。將這些分支合併起來就是一個整體，而將其展開就能衍生出萬千事物。因此乾的作用是分散分發，坤的作用是聚合收納，震的作用是生長擴展，巽的作用是消散減少。生長就意味著分散，分散則導致消散，消散最終又歸於聚合。

乾、坤，確定天地的固定位置；震、巽，象徵了天地初次交合；而兌、離、坎、艮，則代表了天地再次的交合。因此震中陽少而陰多，巽中陰少而陽多，兌、離中陽逐漸增多，坎、艮中陰逐漸增多，這就是為甚麼辰與火不顯現的原因。

當混沌初開一氣分化而陰陽由此判定，獲得較多陽氣者成為天，獲得較多陰氣者成為地。因此當陰陽平衡時形與質就具備了，當陰陽偏頗時性情就分化了。形與質分化後，多陽者為剛，多陰者為柔；性情再分化，則多陽者，達到陽的極致；多陰者，達到陰的極致。

兌、離、巽，是獲得陽氣較多的卦；艮、坎、震，是獲得陰氣較多的卦。它們共同作用於天地之間。乾為純陽之極，坤為純陰之極，因此它們不直接參與這種作用。

乾分出自己的四分之一給坤，坤分出自己的四分之一給乾。乾、坤結合產生六子，三男都是陽卦，三女都是陰卦。兌分出一陽給艮，坎分出一陰給離，震、巽則互相交換兩個爻。綜合來看，陰陽各佔一半，因此水和火既相生又相克，從而促成了萬物的生成。

乾、坤之名位不可易也，坎、離名可易而位不可易也，震、巽位可易而名不可易也，兌、艮名與位皆可易也。離肖乾，坎肖坤，中孚肖乾，頤肖離，小過肖坤，大過肖坎。是以乾、坤、離、坎、中孚、頤、大過、小過，皆不可易者也。離在天而當夜，故陽中有陰也；坎在地而當晝，故陰中有陽也。震始交陰而陽生，巽始消陽而陰生。兌，陽長也；艮，陰長也。震、兌，在天之陰也；巽、艮，在地之陽也。故震、兌上陰而下陽，巽、艮上陽而下陰。天以始生言之，故陰上而陽下，交泰之義也；地以既成言之，故陽上而陰下，尊卑之位也。

乾、坤定上下之位，離、坎列左右之門。天地之所闔辟，日月之所出入。是以春夏秋冬，晦朔弦望，晝夜長短，行度盈縮，莫不由乎此矣。

無極之前，陰含陽也；有象之後，陽分陰也。陰為陽之母，陽為陰之父。故母孕長男而為復，父生長女而為姤。是以陽起於復而陰起於姤也。

性非體不成，體非性不生。陽以陰為體，陰以陽為性。動者，性也；靜者，體也。在天則陽動而陰靜，在地則陽靜而陰動。性得體而靜，體隨性而動，是以陽舒而陰疾也。（更詳之。）

陽不能獨立，必得陰而後立，故陽以陰為基；陰不

乾、坤的名稱和位置都是不可改變的，坎、離的名稱可以改變但位置不可改變，震、巽的位置可以改變但名稱不可改變，兌、艮的名稱和位置都可以改變。離卦類似乾卦，坎卦類似坤卦，中孚卦類似乾卦，頤卦類似離卦，小過卦類似坤卦，大過卦類似坎卦。因此乾、坤、離、坎、中孚、頤、大過、小過卦，都是不可改變的。離卦雖代表天卻在夜晚出現，因此陽中有陰；坎卦雖代表地卻在白天出現，因此陰中有陽。震卦開始與陰交合而生陽，巽卦開始消滅陽而生陰。兌卦，代表陽的增長；艮卦，代表陰的增長。震、兌，在天之陰位；巽、艮，在地之陽位。因此震、兌上陰下陽，巽、艮上陽下陰。從天在創生萬物時的角度看，陰在上而陽在下，象徵著陰陽交合的美好；從地在萬物形成後狀態的角度看，陽在上而陰在下，象徵著尊卑的秩序。

乾、坤確定了天和地的位置，離、坎代表了東西兩個方向的門戶。天地的開合變化，日月的升起和落下。因此春夏秋冬的交替，月亮的晦暗和明亮，晝夜的長短變化，天體運行的盈虧變化，都是由這些自然規律所決定的。

在宇宙的無極之初，陰中蘊含著陽；當萬物有了形象之後，陽從陰中分離出來。陰是陽的母親，陽是陰的父親。因此母親孕育長男形成了復卦，父親生長女形成了姤卦。所以陽的起始在復卦，陰的起始在姤卦。

屬性沒有形態就無法顯現，形態沒有屬性就無法生成。陽以陰為形態，陰以陽為屬性。動，是屬性的表現；靜，是形態的狀態。在天上陽動而陰靜，在地上陽靜而陰動。屬性依附於形態而靜止，形態則隨著屬性的變化而運動，因此陽舒展而陰迅速。（再深入思考一下。）

陽不能獨立存在，必須依賴陰才能成立，所以陽以陰為

能自見，必待陽而後見，故陰以陽為唱。陽知其始而享其成，陰效其法而終其勞。

陽能知而陰不能知，陽能見而陰不能見也。能知能見者為有，故陽性有而陰性無也。陽有所不遍而陰無所不遍也。陽有去陰常居也。無不遍而常居者為實，故陽體虛而陰體實也。

自下而上謂之升，自上而下謂之降。升者，生也；降者，消也。故陽生於下而陰生於上，是以萬物皆反生。陰生陽，陽生陰，陰復生陽，陽復生陰，是以循環而無窮也。

天地之本，其起於中乎。是以乾、坤屢變而不離乎中，人居天地之中，心居人之中，日中則盛，月中則盈，故君子貴中也。

本一氣也，生則為陽，消則為陰。故二者一而已矣，四者二而已矣，六者三而已矣，八者四而已矣。是以言天而不言地，言君而不言臣，言父而不言子，言夫而不言婦也。然天得地而萬物生，君得臣而萬化行，父得子、夫得婦而家道成。故有一則有二，有二則有四，有三則有六，有四則有八。

陰陽生而分二儀，二儀交而生四象，四象交而生八

基礎；陰不能自行顯現，必須等待陽的顯現才能被認知，所以陰以陽為主導。陽知曉開始並享受成果，陰則效仿陽的方法並最終完成勞作。

陽具有認知和顯現的能力而陰則不具備。能夠認知和顯現的被稱為有，因此陽具有實在性而陰則具有虛無性。陽的存在不是普遍的而陰則無處不在。陽有時會離開但陰始終存在。無處不在且恆久存在的為實，所以陽的形態是虛的而陰的形態是實的。

從下往上的運動被稱為升，從上往下的運動被稱為降。升，代表生長；降，代表消亡。因此陽從下面產生而陰從上面產生，這就是為甚麼萬物都反其道而生長。陰產生陽，陽產生陰，陰再次產生陽，陽再次產生陰，如此循環往復無窮無盡。

天地的根本，或許起源於中。因此乾、坤雖然屢次變化卻始終不離中，人處於天地之間，而心則位於人的中央，太陽到中天時最為熾烈，月亮到滿月時最為圓滿，所以君子重視中庸之道。

一切原本都是同一股氣，生成時便為陽，消退時便為陰。因此陰陽兩者實際上是一體兩面，四象則是陰陽的兩種狀態，六爻代表三種狀態，八卦則代表了四種基本元素組合。所以談論天時而不提地，談論君主時不提臣子，談論父親時不提子女，談論丈夫時不提妻子。然而天得到地的配合萬物才能生長，君主得到臣子的輔佐萬事才能順利進行，父親得到子女、丈夫得到妻子家庭才能和諧美滿。因此有一就有二，有二就有四，有三就有六，有四就有八。

陰陽相生而分為天地兩儀，天地兩儀相交而產生四象，四象相交而產生八卦，八卦相交而生成萬物。所以兩儀產生

卦，八卦交而生萬物。故二儀生天地之類，四象定天地之體。四象生日月之類，八卦定日月之體。八卦生萬物之類，重卦定萬物之體。類者，生之序也；體者，象之交也。推類者必本乎生，觀體者必由乎象。生則未來而逆推，象則既成而順觀。是故日月一類也，同出而異處也，異處而同象也。推此以往，物奚逃哉？

天變時而地應物，時則陰變而陽應，物則陽變而陰應。故時可逆知，物必順成。是以陽迎而陰隨，陰逆而陽順。語其體則天分而為地，地分而為萬物，而道不可分也。其終則萬物歸地，地歸天，天歸道。是以君子貴道也。

有變則必有應也，故變於內者應於外，變於外者應於內，變於下者應於上，變於上者應於下也。天變而日應之，故變者從天，而應者法日也。是以日紀乎星，月會於辰，水生於土，火潛於石，飛者棲木，走者依草，心肺之相聯，肝膽之相屬。無它，應變之道也。

本乎天者，親上；本乎地者，親下。故變之，與應常反對也。

陽交於陰，而生蹄角之類也；剛交於柔，而生根荄之類也；陰交於陽，而生羽翼之類也；柔交於剛，而生枝

了天地之類的宏觀世界，四象確定了天地的形態。四象產生了日月之類的天體，八卦確定了日月的形態。八卦產生了萬物之類的世界，重卦則確定了萬物的具體形態。類，是生成的順序；體，是形象的交匯。推究類別必須追溯其生成的根源，觀察形態則必須通過形象的表現。生成是未來的事可以逆推其源，形象是已成的事可以順觀其狀。所以日月屬於同一類，它們雖然同時出現但在不同的位置，位置不同卻具有相似的形象。依此類推，萬物又怎能逃脫這個規律呢？

天隨時節變化地則適應萬物生長，時節的變化是陰變而陽應，萬物的生長是陽變而陰應。所以時節可以提前預知，萬物的生長則必須順應自然規律。因此陽主動而陰隨從，陰逆反而陽順應。說到它們的本質則天分為地，地分為萬物，但道是不可分割的。最終萬物歸於地，地歸於天，天歸於道。所以君子重視道。

有變化就一定有相應的回應，所以內在的變化會在外在有所反應，外在的變化也會在內在產生影響，下面的變化會影響到上面，上面的變化也會影響到下面。天發生變化太陽就會相應地變化，所以變化是跟隨天的，而相應的反應則是效法太陽的。因此太陽的運行與星辰相關聯，月亮的運行與星辰相會合，水從土中生出，火隱藏在石頭中，飛禽棲息在樹木上，走獸依偎在草叢中，心肺相連，肝膽相屬。沒有別的原因，這都是因為它們遵循著應變的自然法則。

本源於天的事物，親近上方；本源於地的事物，親近下方。所以它們的變化，與相應的回應常常是相反的。

陽與陰相交，產生了有蹄子和角的動物；剛與柔相交，產生了有根的植物；陰與陽相交，產生了有翅膀的動物；柔

幹之類也。天交於地、地交於天，故有羽而走者、足而騰者，草中有木、木中有草也。各以類而推之，則生物之類不過是矣。走者便於下，飛者利於上，從其類也。

陸中之物，水中必具者，猶影象也。陸多走、水多飛者，交也。是故巨於陸者必細於水，巨於水者必細於陸也。

虎豹之毛，猶草也；鷹鸇之羽，猶木也。

木者，星之子，是以果實象之。

葉，陰也；華實，陽也。枝葉軟而根幹堅也。

人之骨巨而體繁，木之幹巨而葉繁，應天地之數也。

動者體橫，植者體縱。人宜橫而反縱也。

飛者有翅，走者有趾。人之兩手，翅也；兩足，趾也。

飛者食木，走者食草。人皆兼之，而又食飛走也，故最貴於萬物也。

體必交而後生，故陽與剛交而生心肺，陽與柔交而生肝膽，柔與陰交而生腎與膀胱，剛與陰交而生脾胃。心生目，膽生耳，脾生鼻，腎生口，肺生骨，肝生肉，胃生

與剛相交，產生了有枝幹的植物。天與地相交、地與天相交，所以有長著翅膀卻能在地上行走的動物、長著腳卻能飛翔的鳥類，草叢中長著樹木、樹木中又長著草。按照各類事物的特性來推斷，生物的種類不過如此。行走的動物適應於地面，飛翔的動物適應於天空，這是它們各自歸屬的類別。

陸地上的事物，在水中也一定有相似的存在，就像影子和形象一樣。陸地上多行走的動物、水中則多飛翔的生物，這是因為它們相互交融。因此在陸地上體型巨大的生物，在水中就一定體型細小，在水中體型巨大的生物，在陸地上就一定體型細小。

虎豹的毛，就像草一樣；鷹鸇的羽毛，就像樹木一樣。

樹木，是星辰的子孫，所以它們的果實就像星辰一樣。

葉子，屬於陰性；花朵和果實，屬於陽性。枝葉柔軟而根莖堅硬。

人的骨頭大而身體結構複雜，樹木的樹幹大而枝葉繁茂，這都是應和了天地的數理。

動物的身體是橫向的，植物的身體是縱向的。而人的身體本應是橫向的反而成了縱向的。

飛翔的動物有翅膀，行走的動物有腳趾。人的兩隻手，就像翅膀；兩隻腳，就像腳趾。

飛翔的動物吃樹木的果實，行走的動物吃草。而人則兩者兼食，並且還吃飛翔和行走的動物，所以人在萬物中最為尊貴。

身體必須交融才能產生生命，所以陽與剛交融產生了心肺，陽與柔交融產生了肝膽，柔與陰交融產生了腎與膀胱，剛與陰交融產生了脾胃。心產生了眼睛，膽產生了耳朵，脾

髓，膀胱生血。故乾為心，兌為脾，離為膽，震為腎，坤為血，艮為肉，坎為髓，巽為骨。泰為目，中孚為鼻，既濟為耳，頤為口，大過為肺，未濟為胃，小過為肝，否為膀胱。

天地有八象，人有十六象，何也？合天地而生人，合父母而生子，故有十六象也。

心居肺，膽居肝，何也？言性者，必歸之天；言體者，必歸之地。地中有天，石中有火，是以心膽象之也。心膽之倒懸，何也？草木者，地之本體也。人與草皆木反生，是以倒懸也。口目橫而鼻縱，何也？體必交也。故動者宜縱而反橫，植者宜橫而反縱，皆交也。

天有四時，地有四方，人有四支。是以指節可以觀天，掌文可以察地。天地之理具乎指掌矣，可不貴之哉？

神統於心，氣統於腎，形統於首。形氣交而神主乎其中，三才之道也。

人之四支，各有脈也。一脈三部，一部三候，以應天數也。

心藏神，腎藏精，脾藏魂，膽藏魄。胃受物而化之，

產生了鼻子，腎產生了嘴巴，肺產生了骨頭，肝產生了肌肉，胃產生了骨髓，膀胱產生了血液。所以乾卦代表心，兌卦代表脾，離卦代表膽，震卦代表腎，坤卦代表血，艮卦代表肉，坎卦代表髓，巽卦代表骨。泰卦代表眼睛，中孚卦代表鼻子，既濟卦代表耳朵，頤卦代表嘴巴，大過卦代表肺，未濟卦代表胃，小過卦代表肝，否卦代表膀胱。

天地有八種卦象，人有十六種卦象，為甚麼呢？因為人是天地交合而生的，子女是父母交合而生的，所以人有十六種卦象。

心居於肺中，膽居於肝中，為甚麼呢？說到本性，一定歸屬於天；說到形體，一定歸屬於地。地中有天，石中有火，所以心和膽就像這樣相互包含。心和膽倒掛著，為甚麼呢？草木，是地的本體。人與草木的生長方向相反，所以心和膽也是倒掛的。嘴巴和眼睛是橫向的而鼻子是縱向的，為甚麼呢？因為身體必須交融。所以動物本應縱向反而橫向發展，植物本應橫向反而縱向發展，這都是因為交融。

天有四季的變換，地有東南西北四方，人體有四肢。因此通過觀察手指的關節可以推知天的變化，通過觀察手掌的紋路可以探究地的規律。天地間的道理都體現在人的手掌和手指上，這怎能不讓我們珍視呢？

精神由心所主宰，氣息由腎所統管，形體則由頭部來統領。形體與氣息相互作用而精神則在其中起主導作用，這正是天地人三才之道的體現。

人的四肢，各自都有經脈。每一條經脈分為三部，每一部又分為三候，這與天數相對應。

心臟蘊藏著精神，腎臟儲藏著精華，脾臟容納著魂，膽

傳氣於肺，傳血於肝，而傳水谷於脬腸矣。

天圓而地方，天南高而北下，是以望之如倚蓋焉。地東南下、西北高，是以東南多水、西北多山也。天覆地，地載天，天地相函。故天上有地，地上有天。

天渾渾於上而不可測也，故觀斗數以占天也。斗之所建，天之所行也。魁建子，杓建寅，星以寅為晝也。斗有七星，是以晝不過乎七分也。（更詳之。）

天行所以為晝夜，日行所以為寒暑。夏淺冬深，天地之交也；左旋右行，天日之交也。

日朝在東，夕在西，隨天之行也；夏在北，冬在南，隨天之交也。天一周而超一星，應日之行也。春酉正，夏午正，秋卯正，冬子正，應日之交也。

日以遲為進，月以疾為退。日月一會而加半日，減半日，是以為閏餘也。日一大運而進六日，月一大運而退六日，是以為閏差也。

日行陽庭則盈，行陰庭則縮，賓主之道也。月去日則

則藏著魄。胃負責接收食物並進行消化，將氣傳遞給肺，將血輸送給肝，將水谷的精華傳遞給膀胱和腸道。

天空是圓形的而大地是方形的，天的南邊高而北邊低，所以從遠處看天空像是傾斜的傘蓋。大地的東南低、西北高，因此東南多水、西北多山。天空覆蓋著大地，大地承載著天空，天地相互包容。所以天上有地的對應，地上也有天的映照。

天空在上混沌不清且高不可測，因此人們通過觀察星斗的位置來占卜天象。星斗所指的方向，就是天體運行的方向。斗魁指向子位，斗杓指向寅位，星辰以寅時為白天開始。斗有七顆星，所以白天的時間不會超過七分。（需更詳細的解釋。）

天體的運行形成了晝夜交替，太陽的移動帶來了寒暑變化。夏天白天長冬天夜晚長，這是天地陰陽交替的結果；天體自右向左旋轉而太陽自左向右運行，這是天與日之間的相對運動。

太陽早晨在東邊升起，傍晚在西邊落下，這是隨著天體的運行而變化的；夏天太陽偏北，冬天太陽偏南，這是隨著天地陰陽交替而變化的。天體每運行一周就超過一顆星的位置，這與太陽的運行相對應。春天酉時正中，夏天午時正中，秋天卯時正中，冬天子時正中，這與太陽的交替時刻相符合。

太陽以慢為進，月亮以快為退。太陽和月亮每相會一次就會多半天或少半天，這就是閏月的由來。太陽每完成一次大循環就會前進六天，而月亮每完成一次大循環則會後退六天，這就是閏月與平月之間的時間差異。

太陽在陽庭運行時就會盈滿，在陰庭運行時就會收縮，

明盈而遲，近日則魄生而疾，君臣之義也。

陽消則生陰，故日下而月西出也。陰盛則敵陽，故日望而月東出也。天為父，日為子，故天左旋，日右行。日為夫，月為婦，故日東出，月西生也。

日月之相食，數之交也。日望月則月食，月掩日則日食，猶木火之相克也。是以君子用智，小人用力。

日隨天而轉，月隨日而行，星隨月而見。故星法月，月法日，日法天。天半明半晦，日半盈半縮，月半盈半虧，星半動半靜，陰陽之變化。

天晝夜常見，日見於晝，月見於夜而半不見，星半見於夜，貴賤之等也。

月，晝可見也，故為陽中之陰；星，夜可見也，故為陰中之陽。

天奇而地耦，是以占天文者觀星而已，察地理者觀山水而已。觀星而天體見矣，觀山水而地體見矣。天體容物，地體負物，是故體幾於道也。

這是賓主之間的相處之道。月亮離開太陽時就會盈滿且變化緩慢，靠近太陽時就會暗淡且變化較快，這是君臣之間的道義。

陽氣消退時陰氣就會滋生，所以太陽下山後月亮從西方升起。陰氣旺盛時就會與陽氣相抗衡，所以月亮在日落時從東方升起。天空像父親一樣，太陽像兒子一樣，所以天空向左旋轉，而太陽向右運行。太陽像丈夫一樣，月亮像妻子一樣，所以太陽從東方升起，而月亮從西方出現。

日月相互遮掩的現象，是天數交匯的結果。當月亮進入地球的陰影區域時就會發生月食，而當月亮遮掩住太陽時就會出現日食，這就像木與火之間的相互克制一樣。因此君子善於運用智慧，而普通人則依靠體力。

太陽隨著天運轉，月亮隨著太陽的軌跡移動，星星隨著月亮的出現而顯現。所以星星遵循月亮的法則，月亮遵循太陽的法則，太陽則遵循天的法則。天一半明亮一半昏暗，太陽一半充盈一半縮減，月亮一半圓滿一半虧缺，星星一半活動一半靜止，這都是陰陽變化的表現。

天無論晝夜都可見，太陽在白天出現，月亮在夜晚出現但有一半時間不可見，星星在夜晚只有一半時間可見，這象徵著它們各自不同的地位和尊貴程度。

月亮，在白天有時也能看見，因此它是陽中的陰；星星，在夜晚才能看見，所以它們是陰中的陽。

天是奇數而地是偶數，因此觀測天文的人只需觀察星星，研究地理的人只需觀察山水。通過觀察星星就可以了解天體的狀況，觀察山水就能了解地面的情形。天體包容萬物，地體承載萬物，所以它們的存在幾乎與道相近。

極南大暑，極北大寒，故南融而北結，萬物之死地也。夏則日隨斗而北，冬則日隨斗而南，故天地交而寒暑和，寒暑和而物乃生也。

天以剛為德，故柔者不見；地以柔為體，故剛者不生。是以震，天之陰也；巽，地之陽也。地，陰也，有陽而陰效之。故至陰者，辰也；至陽者，日也，皆在乎天，而地則水火而已，是以地上皆有質之物。陰伏陽而形質生，陽伏陰而性情生。是以陽生陰、陰生陽，陽克陰、陰克陽。陽之不可伏者不見於地，陰之不可克者不見於天。伏陽之少者，其體必柔，是以畏陽而為陽所用；伏陽之多者，其體必剛，是以禦陽而為陰所用。故水火動而隨陽，土石靜而隨陰也。（一說云：陰效陽而能伏，是以辰在天，而地之四物皆有所主也。）

陽生陰，故水先成；陰生陽，故火後成。陰陽相生也，體性相須也，是以陽去則陰竭，陰盡則陽滅。

金火相守則流，火木相得則然，從其類也。

水遇寒則結，遇火則竭，從其所勝也。

陽得陰而為雨，陰得陽而為風；剛得柔而為雲，柔得剛而為雷。無陰則不能為雨，無陽則不能為雷。雨柔也而

極南之地極其炎熱，極北之地極其寒冷，因此南方溫暖而北方寒冷，這是萬物難以生存的地方。夏季時太陽隨著斗柄指向北方，冬季時太陽則隨著斗柄指向南方，因此天地之氣相交寒暑得以調和，寒暑調和後萬物才能生長。

天以剛強為德行，所以柔弱的事物在天上不顯現；地以柔順為本質，所以剛強的事物在地上無法生長。因此震卦，代表天的陰性；巽卦，代表地的陽性。地，屬陰性，有陽性的存在陰性會隨之變化。所以最陰的，是星辰；最陽的，是太陽，它們都存在於天上，而地上則只有水和火這兩種元素，因此地上都是有形質的物體。陰隱藏於陽而形質得以產生，陽隱藏於陰而性情得以孕育。因此陽產生陰、陰產生陽，陽克制陰、陰克制陽。陽中無法隱藏的部分在地上不可見，陰中無法被克制的部分在天上不可見。隱藏陽較少的事物，其本質必然柔弱，因此它們畏懼陽並被陽所利用；隱藏陽較多的事物，其本質必然剛強，因此它們能抵抗陽並被陰所利用。所以水和火會隨陽而動，土石則因陰而靜。（另一種說法是：陰效仿陽並能隱藏，因此星辰在天上，而地上的四種物質都有各自的主宰。）

陽產生陰，所以水先形成；陰產生陽，所以火隨後產生。陰陽是相生相成的，它們的本質和特性是相互依存的，因此當陽消失時陰也會枯竭，當陰耗盡時陽也會滅亡。

金和火相遇會熔化流動，火和木相遇則會燃燒起來，這是因為它們屬於同類而相互感應。

水遇到寒冷會結冰，遇到火則會蒸發干涸，這是因為水被它所能克服的寒冷或火熱所影響。

陽得到陰的配合就會形成雨，陰得到陽的激發就會變成風；剛強與柔和相結合就形成雲，柔和得到剛強的推動就產

屬陰，陰不能獨立，故待陽而後興；雷剛也屬體，體不能自用，必待陽而後發也。

有意必有言，有言必有象，有象必有數。數立則象生，象生則言用，言用則意顯。象、數，則筌蹄也；言、意，則魚兔也。得魚兔而忘筌蹄則可也，以筌蹄而求魚兔則未見其得也。

天變而人效之，故元、亨、利、貞，《易》之變也；人行而天應之，故吉、凶、悔、吝，《易》之應也。以元、亨為變，則利、貞為應；以吉、凶為應，則悔、吝為變。元則吉，吉則利應之；亨則凶，凶則應之以貞。悔則吉，吝則凶，是以變中有應、應中有變也。變中之應，天道也。故元為變則亨應也，利為變則應之以貞。應中之變，人事也。故變則凶，應則吉；變則吝，應則悔也。悔者，吉之兆也；吝者，凶之本也，是以君子從天不從人。元者，春也，仁也。春者，時之始；仁者，德之長。時則未盛而德足以長人，故言德而不言時。亨者，夏也，禮也。夏者，時之盛；禮者，德之文。盛則必衰而文不足救之，故言時而不言德。故曰「大哉乾元」而上之「有悔」也。利者，秋也，義也。秋者，時之成；義者，德之方。萬物方成而獲利，義者不通於利，故言時而不言德也。貞

生雷。沒有陰就不能形成雨，沒有陽就不能產生雷。雨是柔和的屬於陰，但陰不能獨立存在，所以需要陽的作用才能降下；雷是剛強的屬於實體，實體不能自行發揮作用，必須等待陽的激發才能生成。

有意圖就必然有言語表達，有言語就必然有形象表現，有形象就必然有數理規律。數理規律一確立，形象就會產生，形象一產生，言語就有了實際運用，言語有了實際運用，意圖就會明顯表達出來。形象、數理就像是捕魚的手段，言語、意圖就像是魚兔。得到了魚兔就可以忘記手段，但如果只執著於手段而去追求魚兔那就未必能得到了。

天道變化人就會效仿它，所以元、亨、利、貞，是《易經》中的四種變化；人去行事天道就會回應它，所以吉、凶、悔、吝，是《易經》中的四種應驗。如果以元、亨為變化，那麼利、貞就是應驗；如果以吉、凶為應驗，那麼悔、吝就是變化。元對應吉，吉就有利的應驗；亨對應凶，凶就有貞的應驗。悔預示著吉，吝預示著凶，因此變化中包含著應驗、應驗中也包含著變化。變化中的應驗，是天道的體現。所以元作為變化亨就是它的應驗，利作為變化貞就是它的應驗。應驗中的變化，是人事的體現。所以變化帶來凶，應驗帶來吉；變化帶來吝，應驗帶來悔。悔，是吉的預兆；吝，是凶的根源，因此君子應該順應天道而不是盲從人事。元，代表春天，代表仁德。春天，是一年的開始；仁德，是道德的根本。在時令還未完全興盛的時候仁德已經足以滋養人們，所以只強調德而不強調時。亨，代表夏天，代表禮儀。夏天，是一年中最為繁盛的時候；禮儀，是道德的外在表現。繁盛之後必然會走向衰敗而禮儀的外在形式不足以挽救這種衰敗，所以只強調時而不強調德。因此說「大哉乾

者，冬也，智也。冬者，時之末；智者，德之衰。貞則吉，不貞則凶，故言德而不言時也。故曰「利貞者，性情也」。

至哉！文王之作《易》也，其得天地之用乎？故乾、坤交而為泰，坎、離交而為既濟也。乾生於子，坤生於午，坎終於寅，離終於申，以應天之時也。置乾於西北，退坤於西南，長子用事而長女代母，坎、離得位，兌、艮為耦，以應地之方也。王者之法，其盡於是矣。

乾、坤，天地之本；離、坎，天地之用。是以《易》始於乾、坤，中於離、坎，終於既、未濟。而泰、否為上經之中，咸、恒為下經之首，皆言乎其用也。

坤統三女於西南，乾統三男於東北。上經起於三，下經終於四，皆交泰之義也。故《易》者，用也。乾用九，坤用六，大衍用四十九，而「潛龍勿用」也。大哉用乎，吾於此見聖人之心矣！

道生天，天生地，及其功成而身退，故子繼父禪，是

元」而後面又說「有災禍」。利，代表秋天，代表道義。秋天，是萬物成熟收穫的時候；道義，是道德的規範。萬物在成熟時獲得利益，但道義並不與利益直接相通，所以只強調時而不強調德。貞，代表冬天，代表智慧。冬天，是一年的結束；智慧，是道德的衰退。堅守正道就會吉祥，不堅守正道就會兇險，所以只強調德而不強調時。因此說「利和貞，體現了人的本性和情感傾向」。

真是奇妙啊！周文王創作《易經》，他或許領悟了天地的運行規律吧？因此乾卦、坤卦相交形成泰卦，坎卦、離卦相交則形成既濟卦。乾卦對應於子時而生，坤卦對應於午時而生，坎卦在寅時終結，離卦在申時終結，這與天時的變化相呼應。將乾卦置於西北方，坤卦退至西南方，象徵著家中長子主事長女替代母親的角色，同時坎卦、離卦各得其所，兌卦、艮卦成對出現，這與地理方位相符合。王者的法則，大概都在這裏體現了。

乾卦、坤卦，代表了天地的根本；離卦、坎卦，則體現了天地的功用。所以《易經》從乾卦、坤卦開始，中間經過離卦、坎卦，最後以既濟卦、未濟卦作為結束。而泰卦、否卦位於上經的中間，咸卦、恒卦則是下經的開篇，這些都在講述天地之用的道理。

坤卦統率三個陰卦位於西南，乾卦統率三個陽卦位於東北。上經從三開始，下經以四結束，都蘊含著天地之氣和祥萬物通泰的意義。因此《易經》，是關於應用的學問。乾卦用九數，坤卦用六數，大衍之數用四十九，寓意著「潛龍勿用」的道理。應用的道理多麼偉大啊，我從中看到了聖人的思想！

道產生天，天產生地，當它們的功能完成後便退居幕

以乾退一位也。

乾、坤交而為泰，變而為雜卦也。

乾、坤、坎、離，為上篇之用；兌、艮、震、巽，為下篇之用也。頤、中孚、大過、小過，為二篇之正也。

《易》者，一陰一陽之謂也。震、兌，始交者也，故當朝夕之位；離、坎，交之極也，故當子午之位；巽、艮雖不交，而陰陽猶雜也，故當用中之偏位；乾、坤，純陰陽也，故當不用之位。

乾、坤縱而六子橫，《易》之本也；震、兌橫而六卦縱，《易》之用也。

象起於形，數起於質，名起於言，意起於用。天下之數出於理，違乎理則入於術。世人以數而入術，故失於理也。

天下之事，皆以道致之，則休戚不能至矣。

天之陽在南而陰在北，地之陰在南而陽在北。人之陽在上而陰在下，既交則陽下而陰上。

天以理盡，而不可以形盡。渾天之術以形盡天，可乎？

辰數十二，日月交會謂之辰。辰，天之體也。天之

後，所以有兒子繼承父親禪位的道理，這也是乾卦退一位的象徵。

乾卦、坤卦相交形成泰卦，再變化就產生了雜卦。

乾、坤、坎、離四卦，構成了《易經》上篇的核心功用；兌、艮、震、巽四卦，則是《易經》下篇的功能所在。而頤、中孚、大過、小過四卦，則是兩篇中的正則之卦。

《易經》，講述的是一陰一陽相互作用的道理。震卦、兌卦，是陰陽開始交合的象徵，所以它們對應於早晨和傍晚的位置；離卦、坎卦，代表陰陽交合的極致，所以它們對應於子時和午時的位置；巽卦、艮卦雖然不直接交合，但陰陽之氣仍然混雜，所以它們位於中間偏位；乾卦、坤卦，是純陽和純陰的象徵，所以它們位於不直接作用的位置。

乾卦、坤卦縱向排列其他六個卦象橫向展開，這是《易經》的根本；而震卦、兌卦橫向排列其他六個卦象縱向排列，這體現了《易經》的應用。

象來源於形，數來源於質，名來源於言，意來源於用。天下的數都源於理，如果違背了理就會落入術的範疇。世人往往因為追求數而陷入術之中，從而失去了對理的理解。

天下的事情，如果都能遵循道來處理，那麼無論好壞都不會過分偏離。

天的陽在南陰在北，地的陰在南陽在北。人的陽在上陰在下，陰陽相交時陽就會下降陰會上升。

天是通過道理來窮盡的，而不是通過形狀來窮盡的。渾天說試圖通過形狀來完全描述天，這是可行的嗎？

十二時辰中，日月相交的時刻稱為辰。辰，是天體運行

體，無物之氣也。

「精義入神，以致用也」，不精義，則不能入神；不能入神，則不能致用也。

為治之道，必通其變，不可以膠柱，猶春之時不可行冬之令也。

陽數一，衍之為十，十干之類是也；陰數二，衍之為十二，十二支、十二月之類是也。

元、亨、利、貞之德，各包吉、凶、悔、吝之事。雖行乎德，若違於時，亦或凶矣。

初與上同，然上亢不及初之進也；二與五同，然二之陰中不及五之陽中也；三與四同，然三處下卦之上不若四之近五也。

天之陽在南，故日處之；地之剛在北，故山處之。所以地高西北，天高東南也。

天之神棲於日，人之神棲乎目；人之神寤則棲心，寐則棲腎，所以象天也，晝夜之道也。

雲行雨施，電發雷震，亦各從其類也。

吹、噴、吁、呵、呼，風、雨、雲、霧、雷，皆當相

的體現。天體，是由無形的氣構成的。

「深入領會精妙的義理達到出神入化的境地，從而將其應用於實際」，如果不能深入領會精妙的義理，就無法達到出神入化的境地；如果不能達到出神入化的境地，也就無法將其應用於實際。

治理國家的原則，必須通曉事物變化的規律，不能固守陳規，就像春天不能執行冬天的政令一樣。

陽數的起點是一，推演變化成十，就像天干有十個一樣；陰數的起點是二，推演變化成十二，就像地支有十二個、一年有十二個月一樣。

元、亨、利、貞這四種美德，各自包含著吉、凶、悔、吝等不同的情況。即使行為符合美德，但如果違背了時勢，也可能遭遇凶險。

初爻與上爻相對應，但上爻過於亢進不如初爻那樣有進取的態勢；二爻與五爻相對應，但二爻處於陰位之中不如五爻處於陽位之中那樣得勢；三爻與四爻相對應，但三爻處於下卦之上不如四爻那樣接近五爻。

天的陽集中在南方，所以太陽位於南方；地的剛集中在北方，所以山嶽位於北方。這就是為甚麼地勢西北高而東南低，天空則東南高而西北低的原因。

天的神靈棲息在太陽裏，人的神靈棲息在眼睛裏；人的神靈清醒時棲息在心中，睡眠時則棲息在腎裏，這是模仿天的運行規律，也是晝夜更替的道理。

雲行雨降，電閃雷鳴，都是各自按照其類別而發生的自然現象。

吹、噴、吁、呵、呼等聲音，以及風、雨、雲、霧、雷

類也。

萬物各有太極、兩儀、四象、八卦之次，亦有古今之象。

雲有水、火、土、石之具，他類亦然。

二至相去，東西之度凡一百八十，南北之度凡六十。

冬至之月，所行如夏至之日；夏至之月，所行如冬至之日。四正者，乾、坤、坎、離也。觀其象，無反覆之變，所以為正也。

陽在陰中，陽逆行；陰在陽中，陰逆行。陽在陽中、陰在陰中，則皆順行。此真至之理，按《圖》可見之矣。

自然而然，不得而更者，內象、內數也。他皆外象、外數也。

草類之細入於坤。

五行之木，萬物之類也；五行之金，出乎石也。故火、水、土、石不及金、木，金、木生其間也。

得天氣者，動；得地氣者，靜。

陽之類，圓，成形則方；陰之類，方，成形則圓。

等自然現象，都是相互類似相互對應的。

萬物都按照太極、兩儀、四象、八卦的次序來演化，同時也都有古今不同的形態和象徵。

雲中有水、火、土、石等元素的存在，其他事物也是如此。

冬至和夏至兩個節氣之間，東西方向的距離大約是一百八十度，南北方向的距離大約是六十度。

冬至所在的月份，日月的運行軌跡就像夏至所在的日子一樣；夏至所在的月份，日月的運行軌跡則像冬至所在的日子一樣。四個正方向，乾、坤、坎、離。觀察它們的卦象，沒有反復無常的變化，所以被稱為正。

當陽爻處於陰位時，陽爻會逆行；當陰爻處於陽位時，陰爻會逆行。而當陽爻處於陽位、陰爻處於陰位時，它們都會順行。這是真實而深刻的道理，通過觀察《河圖》就可以清楚地看到。

自然而然，無法更改的事物和現象，屬於內在的象徵、內在的數理。其他則都是外在的象徵、外在的數理。

細小的草類歸屬於坤卦的象徵範疇。

五行中的木，代表了萬物的一個大類；五行中的金，則是從石頭中提煉出來的。因此火、水、土、石等元素在生成順序上不及金、木，因為金、木是在它們之間生成的。

得到上天之氣的滋養，事物就會運動；得到大地之氣的滋養，事物就會靜止。

屬陽的事物，其初始形態是圓形的，但形成具體物體後往往呈現出方形；屬陰的事物，其初始形態是方形的，但形成具體物體後往往呈現出圓形。

天道之變，王道之權也。

夫卦各有性有體，然皆不離乾、坤之門，如萬物，受性於天而各為其性也。在人則為人之性，在禽獸則為禽獸之性，在草木則為草木之性。

天以氣為主，體為次；地以體為主，氣為次。在天在地者，亦如之。

氣則養性，性則乘氣。故氣存則性存，性動則氣動也。

堯之前，先天也；堯之後，後天也。後天乃效法耳。

天之象數，則可得而推，如其神用，則不可得而測也。

木之支幹，土石之所成，所以不易；葉花，水火之所成，故變而易也。

自然而然者，天也，唯聖人能索之；效法者，人也。若時行時止，雖人也，亦天。

生者，性天也；成者，形地也。

日入地中，交精之象也。

體四而變六，兼神與氣也。氣變必六，故三百六十也。

凡事為之極幾十之七，則可止矣。蓋夏至之日止於六

天道的變化規律，是王道權謀的依據和指導。

每個卦都有其獨特的性質和形體，但它們都不離開乾、坤這兩個基本卦門，就像萬物一樣，它們從天道那裏接受了各自的性質並各自展現出獨特的性質。在人身上就表現為人的性質，在禽獸身上就表現為禽獸的性質，在草木身上就表現為草木的性質。

天以氣為首要，以形體為次要；地以形體為首要，以氣為次要。無論是天上的還是地上的事物，都遵循這樣的原則。

氣滋養著性，性則依附於氣而存在。因此氣存在則性存在，性有所動則氣也隨之而動。

堯之前的時代，是先天時代；堯之後的時代，是後天時代。後天效仿先天之道。

天的象數，可以通過推理來得知，天的神奇作用，是無法測度的。

樹木的枝幹，由土石構成，因此穩定而不易變化；樹葉和花朵，受到水火的影響構成，所以容易變化。

自然而然發生的，是天道，只有聖人能深入探索其奧秘；效法天道的，是人。如果行事能順應天時，雖然是人為，但也符合天道。

生命的誕生，源於天性；而事物的成形，則歸於地體。

太陽落入地平線，是天地交合、精氣交融的象徵。

形體有四個基本元素其變化涉及六個方面，同時包含了神與氣兩個層面的因素。氣的變化必然遵循六個階段，因此可以推演出三百六十種具體的變化形態。

做任何事情達到極致的十分之七時，就可以停止了。因

十，兼之以晨昏分之，可變色矣，庶幾乎十之七也。

東赤，南白，西黃，北黑，此五色也。驗之於曉午暮夜之時，可見之矣。

《圖》雖無文，《先天圖》也。吾終日言而未嘗離乎是，蓋天地萬物之理盡在其中矣。

冬至之子中，陰之極；春分之卯中，陽之中；夏至之午中，陽之極；秋分之酉中，陰之中。凡三百六十，中分之則一百八十，此春秋二分相去之數也。

陽中有陰，陰中有陽，天之道也。陽中之陽，日也，暑之道也；陽中之陰，月也，以其陽之類，故能見於晝；陰中之陽，星也，所以見於夜；陰中之陰，辰也，天壤也。

氣，一而已，主之者，乾也；神，亦一而已，乘氣而變化，出入於有無死生之間，無方而不測者也。

干者，幹之義，陽也；支者，枝之義，陰也。干十而支十二，是陽數中有陰，陰數中有陽也。

不知乾，無以知性命之理。

「時然後言」，乃應變而言，言不在我也。

仁配天地謂之人，唯仁者真可謂之人矣。

為夏至時陽氣達到極致只有六十天，加上晨昏的分割，就可以看到顏色的變化，這大概就是十分之七的程度。

東方呈赤色，南方呈白色，西方呈黃色，北方呈黑色，這是五色。在清晨正午黃昏和夜晚觀察，就可以驗證這一點。

《河圖》雖然沒有文字，但它是《先天圖》。我整天談論的內容從未離開過它，因為天地萬物的道理都蘊含在其中。

冬至的子時，是陰氣的極致；春分的卯時，是陽氣的中點；夏至的午時，是陽氣的極致；秋分的酉時，是陰氣的中點。總共三百六十天，平分則每部分為一百八十天，這是春秋兩季相隔的天數。

陽中有陰，陰中有陽，這是天道的規律。陽中的陽，是太陽，代表炎熱；陽中的陰，是月亮，因為它屬於陽類，所以能在白天出現；陰中的陽，是星星，所以能在夜晚看到；陰中的陰，是辰，代表天地之間的空間。

氣，是統一的，主宰它的，是乾；神，也是統一的，它依附於氣而變化，在無形與有形生與死之間穿梭，沒有固定的形態也無法預測。

干，代表天干的含義，屬於陽；支，代表地支的含義，屬於陰。天干有十個而地支有十二個，這表明陽數中包含陰，陰數中包含陽。

如果不了解乾的道理，就無法領悟本性和天命的奧秘。

「時機到了才說話」，這是指根據應變的需要而發言，說話並不完全取決於我自己。

能將仁愛之心與天地相配稱的才稱得上是人，只有真正具有仁愛之心的人才能被稱為真正的人。

生而成，成而生，《易》之道也。

氣者，神之宅也；體者，氣之宅也。

魚者，水之族也；蟲者，風之族也。

天六地四，天以氣為質，而以神為神；地以質為質，而以氣為神。唯人兼乎萬物而為萬物之靈。如禽獸之聲，以其類而各能得其一。無所不能者，人也。推之他事，亦莫不然。唯人得天地日月交之用，他類則不能也。人之生，真可謂之貴矣。天地與其貴而不自貴，是悖天地之理，不祥莫大焉。目口舌也。凸而耳鼻竅。竅者，受聲嗅氣，物或不能閉之；凸者，視色別味，物則能閉之也。四者雖象於一，而各備其四矣。

燈之明暗之境，日月之象也。

月者，日之影也；情者，性之影也。心性而膽情，性神而情鬼。水者，火之地；火者，水之氣；黑者，白之地；寒者，暑之地。

心為太極。又曰：道為太極。

形可分，神不可分。

草伏之獸，毛如草之莖；林棲之鳥，羽如林之葉。類使之然也。

生命在生成中得以延續，延續中又不斷生成新的生命，這是《易經》所揭示的宇宙之道。

氣，是精神的居所；形體，是氣的居所。

魚，是生活在水中的生物族群；蟲，是生活在風中的生物族群。

天為六地為四，天以氣為本質，並以神為其靈魂；地以物質為本質，而以氣為其靈魂。只有人類兼具萬物之特性成為萬物之靈。比如禽獸的聲音，各自只能發出其種類的聲音。而無所不能的，是人。將這一點推廣到其他事物上，也莫不如此。只有人類能夠得到天地日月交互作用的滋養，其他生物則不能。人類的誕生，真可說是無比珍貴。如果天地賦予了人類這種珍貴而人類卻不自知其珍貴，那就違背了天地的道理，沒有比這更不吉祥的了。眼睛嘴巴和舌頭。比耳朵和鼻子等孔竅凸出。孔竅，用來接收聲音和嗅聞氣味，外物或許無法完全封閉它們；凸出的部分，眼睛用於觀看顏色舌頭用於辨別味道，外物卻有可能遮擋它們。這四者雖然在形態上是統一的，但都各自具備了四種功能。

燈的明亮與昏暗，就像日月的光照變化一樣。

月亮，是太陽的影子；情感，則是本性的影子。心與性相輔相成而膽與情則相互關聯，性是精神的體現而情則像是鬼魅一般難以捉摸。水，是火的歸宿之地；火，則是水蒸發的氣；黑色，是白色的底子；寒冷，是炎熱的底子。

心是太極的象徵。另一種說法是：道是太極。

形體可以分割，但精神卻不可分割。

潛伏在草叢中的野獸，其毛髮就像草的莖；棲息在樹林中的鳥類，其羽毛就像樹林的葉子。這是環境造就的相似性。

陰事太半，蓋陽一而陰二也。

冬至之後為呼，夏至之後為吸，此天地一歲之呼吸也。

木結實而種之，又成是木而結是實。木非舊木也，此木之神不二也。此實生生之理也。

陰性的事物佔據了大半，因為陽性是一而陰性則是二。

冬至之後是呼氣，夏至之後是吸氣，這是天地一年之中的呼吸過程。

樹木結出果實將果實種下，又能長成同樣的樹木並結出相同的果實。雖然樹木已經不是原來的樹木，但樹木的生命本質卻是相同的。這就是生生不息的道理。

觀物外篇　下

以物喜物，以物悲物，此發而中節者也。

石之花，鹽消之類是也；水之木，珊瑚之類是也。

水之物，無異乎陸之物，各有寒熱之性。大較則陸為陽中之陰，而水為陰中之陽。

日、月、星、辰共為天，水、火、土、石共為地。耳、目、鼻、口共為首，髓、血、骨、肉共為身。此乃五之數也。

火生於無，水生於有。

不我物，則能物物。

辰至日為生，日至辰為用。蓋順為生而逆為用也。

《易》有三百八十四爻，真天文也。

鷹雕之類食生，而雞鳧之類不專食生。虎豹之類食生，而貓犬之類食生又食穀。以類推之，從可知也。

馬牛皆陰類。細分之，則馬為陽而牛為陰。

飛之類，喜風而敏於飛上；走之類，喜土而利於走下。

禽蟲之卵，果谷之類也。谷之類多子，蟲之類亦然。

因外物而喜悅，因外物而悲傷，這是情感自然流露且符合中道的。

石頭上開出的花，這種現象就像鹽消失一樣；水中生長的樹木，這種現象就像珊瑚一樣。

水裏的生物，與陸地上的生物並沒有本質上的不同，它們各自都有適應寒冷和炎熱的特性。總體來看陸地上的生物可以看作是陽性中的陰性，而水裏的生物則是陰性中的陽性。

日、月、星、辰共同構成了天，水、火、土、石則共同構成了地。耳、目、鼻、口共同組成了頭部，髓、血、骨、肉則共同構成了身體。這些都可以用五行來概括。

火從無中產生，水是有形之物生成。

如果不將自我局限於物，就能洞察和理解萬物。

從辰時到日中是萬物生長的時期，從日中到辰時是萬物發揮其作用的時期。總的來說順著時間的流逝是生長，逆著時間的流逝是功用。

《易經》中有三百八十四爻，實際上是對天文現象的真實反映。

像鷹雕這類猛禽主要食用生肉，而雞鴨水鳥等則不完全以生食為主。虎豹等猛獸以生肉為食，但貓狗等既吃生食也吃穀物。以此類推，其他動物的食性也可知曉。

馬和牛都屬於陰性動物。但細分的話，馬偏陽性牛則偏陰性。

飛行的動物，喜歡風因此在飛行上更為敏捷；而陸地行走的動物，則喜歡土地因此在行走上更為擅長。

禽類和昆蟲的卵，類似於果實和穀物。穀物多籽，昆蟲也常產卵眾多。

蠶之類，今歲蛾而子，來歲則子而蠶。蕪菁之類，今歲根而苗，來歲則苗而子。此皆一歲之物也。

天地之氣運，北而南則治，南而北則亂，亂久則復北而南矣。天道、人事皆然，推之歷代，可見消長之理也。

任我則情，情則蔽，蔽則昏矣；因物則性，性則神，神則明矣。潛天潛地，不行而至，不為陰陽所攝者，神也。

在水者不瞑，在風者瞑；走之類上睫接下，飛之類下睫接上。類使之然也。

在水之鱗鬣，飛之類也；龜獺之類，走之類也。

夫四象，若錯綜而用之。日月，天之陰陽；水火，地之陰陽；星辰，天之剛柔；土石，地之剛柔。

天之孽，十之一猶可違；人之孽，十之九不可逭。

陽主舒長，陰主慘急。日入盈度，陰從於陽；日入縮度，陽從於陰。

飛之走，雞鳧之類是也；走之飛，龍馬之屬是也。

先天之學，心也；後天之學，跡也。出入、有無、死

蠶這類生物，今年化蛹產卵，來年則卵孵化成蠶。蕪菁這類植物，今年長根生苗，來年則苗開花結籽。這些都是一年生的生物。

天地間的氣運，從北向南則國家安定，從南向北則國家混亂，混亂久了又會回歸從北向南的安定。天道、人事都是如此循環往復。通過考察歷代歷史，可以看出興衰更替的道理。

如果任由個人情感主宰，情感就會受到蒙蔽，進而變得昏聵；而如果順應事物的本性，本性就能達到神妙的境界，進而變得明智。那種能潛藏於天地之間，無需行動就能到達，且不受陰陽限制的力量，就是神。

生活在水中的動物不眨眼，而生活在風中的動物會眨眼；行走類動物的上睫毛接觸下眼瞼，而飛行類動物的下睫毛接觸上眼瞼。這些都是由它們的類別決定的。

生活在水裏的有鱗片和鬣毛的動物，屬於飛行動物的一類；像烏龜和水獺這樣的動物，屬於行走動物的一類。

四象，可以交錯綜合地運用。日月，代表天的陰陽；水火，代表地的陰陽；星辰，代表天的剛柔；土石，代表地的剛柔。

如果是天災，即使十分之一也可能避免；如果是人禍，十之八九都難以逃脫。

陽性主宰舒展和生長，陰性主宰收縮和緊急。太陽進入盈度時，陰性跟隨陽性；太陽進入縮度時，陽性跟隨陰性。

能夠飛行的走獸，像雞和鴨子這類動物就是；能夠行走的飛禽，像龍和馬這類動物就是。

先天的學問，關乎內心；後天的學問，關乎外在表現。

生者，道也。

神，無所在，無所不在。至人與他心通者，以其本於一也。道與一，神之強名也。以神為神者，至言也。

身，地也，本乎靜。所以能動者，氣血使之然也。天地生萬物，聖人生萬民。

生生長類，天地成功；別生分類，聖人成能。

神者，人之主。將寐在脾，熟寐在腎；將寤在肝，（又言在膽。）正寤在心。

以物觀物，性也；以我觀物，情也。性公而明，情偏而暗。

陽主闢而出，陰主翕而入。

日在於水則生，離則死，交與不交之謂也。

陰對陽為二，然陽來則生，陽去則死。天地萬物生死主於陽，則歸之於一也。

神無方而性有質。

發於性則見於情，發於情則見於色，以類而應也。

天地之大寤在夏，人之神則存於心。

以天地生萬物，則以萬物為萬物；以道生天地，則天地亦萬物也。

出入、有無、死生，是道的體現。

神，沒有固定的存在地方，卻又無處不在。達到至高境界的人能夠與他人心靈相通，是因為他們的根本是一致的。道和一，是對神的勉強稱謂。把神當作神來看待，是最極致的言辭。

身體，如同大地，本質上是靜止的。之所以能活動，是氣血在驅動。天地孕育萬物，聖人則教化萬民。

生生不息繁衍眾多，是天地的功績；區分種類各司其職，是聖人的成就。

神，是人的主宰。人將要入睡時神在脾，熟睡時神在腎；將要醒來時神在肝，（也有說在膽。）完全清醒時神在心。

以物觀物，是遵循事物的本性；以我觀物，則是出於個人的情感。本性公正而明亮，情感則容易偏頗而陰暗。

陽性主宰開啟和外出，陰性則主宰閉合和進入。

太陽與水接觸則產生生命，離開水則生命死亡，這是指太陽與水交匯與否的情況。

陰與陽相對形成二，但陽來則產生生命，陽去則導致生命死亡。天地間萬物的生死都取決於陽，最終都歸結為一。

神沒有固定的形態而性有其實質。

神發之於性則表現為情，神顯之於情則表現為色，這是同類相應的結果。

天地間最大的交匯在夏天，而人的精神則存在於心中。

如果認為天地產生了萬物，那麼萬物就是萬物；但如果認為道產生了天地，那麼天地也是萬物之一。

水之族，以陰為主，陽次之；陸之類，以陽為主，陰次之。故水類出水則死，風類入水則死。然有出入之類者，龜蟹鵝鳧之類是也。

天地之交十之三。

一變而二，二變而四，三變而八卦成矣。四變而十有六，五變而三十有二，六變而六十四卦備矣。

天火，無體之火也；地火，有體之火也。

人之貴，兼乎萬類。自重而得其貴，所以能用萬物。

凡人之善惡，形於言，發於行，人始得而知之。但萌諸心，發於慮，鬼神已得而知之矣。此君子所以慎獨也。

氣變而形化。

人之類，備乎萬物之性。

火無體，因物以為體。金石之火烈於草木之火者，因物而然也。

氣形盛則魂魄盛，氣形衰則魂魄亦從而衰矣。魂隨氣而變，魄隨形而止。故形在則魄存，形化則魄散。

人之神，則天地之神。人之自欺，所以欺天地，可不慎哉？

人之畏鬼，亦猶鬼之畏人。人積善而陽多，鬼亦畏之矣；積惡而陰多，鬼弗畏之矣。大人者，與鬼神合其吉凶，夫何畏之有？

水生生物，以陰為主，陽為次；陸生生物，以陽為主，陰為次。所以水生生物離開水就會死，而風類生物進入水就會死。然而有既能出水又能入水的生物，如龜、蟹、鵝、鳧等。

天地之間的交匯佔十分之三。

一變分為二，二變分為四，三變則八卦形成。四變則有十六，五變則有三十二，六變則六十四卦齊備。

天火，是沒有形體的火；地火，是有形體的火。

人的尊貴，是兼具了萬物的特性。人自重才能體現其尊貴，因此能夠利用萬物。

人的善惡，通過言語表現出來，通過行為體現出來，然後人們才能知道。但如果只是心中萌生，在思考中萌發，鬼神就已經知道了。這就是君子要謹慎獨處的原因。

氣變則形變。

人類，具備了萬物的特性。

火沒有形體，依靠物體作為形體。金石之火比草木之火更猛烈，這是因為所依靠的物體不同。

氣形強盛則魂魄強盛，氣形衰弱則魂魄也隨之衰弱。魂隨著氣的變化而變化，魄則隨著形體的存在而存在。所以形體在則魄存在，形體變化則魄消散。

人的神，就是天地的神。人如果自欺欺人，也就是欺騙天地，怎麼能不謹慎呢？

人敬畏鬼，就像鬼敬畏人一樣。人積德行善則陽氣多，鬼也會畏懼；積惡行凶則陰氣多，鬼就不會畏懼。品德高尚的人，與鬼神共享吉凶，有甚麼可害怕的呢？

至理之學，非至誠則不至。

物理之學，既有所不通，不可以強通。強通則有我，有我則失理而入於術矣。

星為日餘，辰為月餘。

星之至微如塵沙者，隕而為堆阜。

心一而不分，則能應弗違。此君子所以虛心而不動也。

藏者，天行也；府者，地行也。天地並行，則配為八卦。

聖人利物而無我。

明則有日月，幽則有鬼神。

《易》有真數，三而已。參天者，三三而九；兩地者，倍三而六；

八卦相錯者，相交錯而成六十四卦也。

夫《易》，根於乾、坤，而生於姤、復。蓋剛交柔而為復，柔交剛而為姤，自茲而無窮矣。

《素問》《左傳》，七國時書也。

夫聖人之經，渾然無跡，如天道焉。故《春秋》錄實事，而善惡形於其中矣。

中庸之法，自中者，天也；自外者，人也。

至高無上的真理之學，如果不是至誠的心就達不到。

研究事物情理的學問，如果有解釋不通的地方，不能強行去解釋。強行解釋就會陷入主觀臆斷，主觀臆斷就會失去真理而陷入技巧之中。

星是太陽的餘暉，辰是月亮的餘暉。

星星即使微小如塵沙，墜落時也能堆積成山丘。

內心專注而不分散，就能應對自如而不違背天理。這就是君子保持虛心而不動搖的原因。

五臟，與天的運行相應；六腑，與地的運行相應。天地並行，就配成了八卦。

聖人利物而無私。

明處有日月，暗處則有鬼神。

《易經》中真正的數字，只有三個。參天，就是三乘以三得九；兩地，就是兩倍的三得六。

八卦相錯，就是相互交錯而形成六十四卦。

《易經》，以乾、坤為根本，而產生於姤、復兩卦。大概是因為剛與柔相交形成復卦，柔與剛相交形成姤卦，從此以後變化無窮。

《素問》《左傳》，都是戰國時期的著作。

聖人的經典，渾然天成沒有人為的痕跡，就像天道一樣自然。所以《春秋》記錄的是實際發生的事件，但其中的善惡卻自然顯現。

中庸之道，從內心自然流露的，是天性；受外界影響的，是人為。

韻法，辟翕者，律天；清濁者，呂地。

韻法，先閉後開者，春也；純開者，夏也；先開後閉者，秋也；冬則閉而無聲。

《素問》《密語》之類，於術之理，可謂至也。

「顯諸仁，藏諸用」，孟子善藏其用乎。

「寂然不動」，反本復靜，坤之時也；「感而遂通天下之故」，陽動於中，間不容髮，復之義也。

莊、荀之徒，失之辯。

東為春聲，陽為夏聲，此見作韻者亦有所至也。銜、凡，冬聲也。

不見動而動，妄也。動於否之時是也。見動而動，則為無妄。然所以有災者，陽微而無應也。

有應而動，則為益矣。

「精氣為物」，形也；「遊魂為變」，神也。又曰：「精氣為物，體也；遊魂為變，用也。」

君子之學，以潤身為本。其治人應物，皆餘事也。

剸劇者，才力也；明辯者，智識也；寬弘者，德器也。三者不可闕一。

韻律的法則中，開合的變化，如同天的律動；聲音的清濁，則與地相應。

韻律上，先閉後開，象徵春天；完全開放，象徵夏天；先開後閉，象徵秋天；冬天則閉合而無聲。

《素問》《密語》之類的書籍，在闡述學術理論方面，可以說是達到了極致。

「顯現的是仁愛，隱藏的是功用」，孟子很擅長隱藏其實際的功用。

「寂靜而不動」，是回歸本源恢復寧靜，這是坤卦所代表的時候；「感應而通達天下之事」，是陽氣在內心萌動，時機緊迫不容遲緩，這是復卦的意義。

莊子、荀子等人，在辯論上有所缺失。

東方是春天的聲音，陽是夏天的聲音，這可見創作韻律的人也達到了某種境界。銜、凡，是冬天的聲音。

如果沒看到徵兆就行動，那是妄動。就是在情況不利於行動的時候行動。看到徵兆再行動，就是無妄。然而之所以會有災禍，是因為陽氣微弱而沒有得到回應。

有回應再行動，就會有益處。

「精氣凝聚成為物」，這是形；「靈魂游離帶來變化」，這是神。又有說法：「精氣凝聚成為物，是本體；靈魂游離帶來變化，是功用。」

君子的學習，以修養自身為根本；治理他人和應對事物，都是次要的事情。

處理繁雜事務的能力，是才力；明辨是非的能力，是智慧；寬容大度的品質，是德行。這三者缺一不可。

無德者，責人怨人，易滿，滿則止也。

龍能大能小。然亦有制之者，受制於陰陽之氣，得時則能變化，變變則不能也。

伯夷義不食周粟，至餓且死，止得為仁而已。

三人行，必有師焉。至於友一鄉之賢、天下之賢，以天下為未足，又至於尚論古人，無以加焉。

義重則內重，利重則外重。

兌，說也。其他「說」皆有所害，惟「朋友講習」，無說於此。故言其極者也。

能循天理動者，造化在我也。

學不際天人，不足以謂之學。

君子於《易》，玩象，玩數，玩辭，玩意。

能醫人能醫之疾，不得謂之良醫；醫人之所不能醫者，天下之良醫也。能處人所不能處之事，則能為人所不能為之事也。

人患乎自滿，滿則止也。故禹不自滿假，所以為賢。雖學亦當常若不足，不可臨深以為高也。

人苟用心，必有所得。獨有多寡之異，智識之有淺深也。

沒有德行的人，喜歡責怪和怨恨他人，容易自滿，自滿就會停止進步。

龍能大能小。但也有制約它的力量，那就是陰陽之氣，在適宜的時機龍能夠變化，但如果時機不對它就不能變化。

伯夷因為堅持道義不吃周朝的糧食，以至於餓死，這只能算是達到了仁的境界而已。

三人同行，其中必定有值得我學習的人。與鄉里的賢人交友、與天下的賢人交友，如果與天下的賢人交友還覺得不滿足，就會進一步去談論古代的賢人，沒有人能比得上他們。

看重道義內心就會穩重，看重利益就會注重外在的得失。

兌，就是喜悅。其他的「喜悅」都可能帶來害處，只有「朋友間的講習討論」，這種喜悅是無害的。所以說這是喜悅的極致。

能夠遵循天理而行動的人，就能掌握自己的命運。

學習如果不能貫通天道和人事，就不能稱之為真正的學問。

君子學習《易經》，要玩味其中的卦象，玩味其中的數理，玩味其中的卦辭爻辭，還要玩味其中蘊含的深意。

能治療別人能治的疾病，不能稱為良醫；能治療別人不能治的疾病，才是天下的良醫。能處理別人不能處理的事情，就能做別人不能做的事情。

人的弊病在於自滿，自滿就會停止不前。所以大禹不自滿，才能成為賢人。即使在學習上也應當常常感到自己的不足，不能稍微取得一點進步就自以為了不起。

人如果用心去做事，就一定會有所收穫。只是收穫多少的區別，知識有深有淺罷了。

理窮而後知性，性盡而後知命，命知而後知至。

凡處失在得之先，則得亦不喜。若處得在失之先，則失難處矣，必至於隕獲。

人必有德器，然後喜怒皆不妄。為卿相、為匹夫，以至學問高天下，亦若無有也。

人必內重，內重則外輕。苟內輕必外重，好利好名，無所不至。

得天理者，不獨潤身，亦能潤心；不獨潤心，至於性命亦潤。

天下言讀書者不少，能讀書者少。若得天理真樂，何書不可讀？何堅不可破？何理不可精？

曆不能無差。今之學曆者，但知曆法，不知曆理。能佈算者，洛下閎也；能推步者，甘公、石公也。洛下閎但知曆法；楊雄知曆法，又知曆理。

一歲之閏，六陰六陽。三年三十六日，故三年一閏。五年六十日，故五歲再閏。天時、地理、人事三者，知之

徹底探究了事物的道理之後才能了解人的本性，完全了解了人的本性之後才能知曉天命，知曉了天命之後才能達到至高無上的智慧。

如果把失去看作在得到之前，那麼得到時就不會過於喜悅。如果把得到看作在失去之前，那麼失去時就很難接受，甚至會導致崩潰。

人必須有高尚的品德和寬廣的胸懷，才能做到喜怒哀樂都不失分寸。無論是做卿相、做平民百姓，甚至是學問高過天下的人，也應該保持這樣的態度。

人必須重視自己的內在修養，當內在修養足夠時對外在的事物就會看得很輕。如果內在修養不夠就會過分重視外在的東西，追求利益和名聲，以至於無所不用其極。

理解並遵循天理的人，不僅能夠滋養自己的身體，也能滋養自己的心靈；不只是滋養心靈，甚至能夠滋養自己的生命和命運。

天下說讀書的人很多，但真正能讀書的人卻很少。如果能體會到天理帶來的真正樂趣，那麼有甚麼書是不能讀的呢？有甚麼難題是不能解決的呢？有甚麼道理是不能精通的呢？

曆法不可能沒有誤差。現在的學者學習曆法，只知道曆法的具體計算方法，卻不懂得曆法的原理。能夠進行天文曆法計算的人，是洛下閎；能夠推算天體運行的人，是甘公、石公。洛下閎只知道曆法的具體計算方法；楊雄不僅知道曆法的具體計算方法，還懂得曆法的原理。

一年中的閏月，是六陰六陽。三年累積三十六天，所以三年設一個閏月。五年累積六十天，所以五年設兩個閏月。天時、地理、人事這三者，理解起來並不容易。

不易。

資性，得之天也；學問，得之人也。資性，由內出者也；學問，由外入者也。自誠明，性也；自明誠，學也。

顏子不遷怒，不貳過。遷怒、貳過，皆情也，非性也。不至於性命，不足謂之好學。

伯夷、柳下惠，得聖人之一端。伯夷得聖人之清，柳下惠得聖人之和。孔子時清時和，時行時止，故得聖人之時。

《太玄》，九日當兩卦，餘一卦當四日半。

楊雄作《太玄》，可謂見天地之心者也。

用兵之道，必待人民富、倉廩實、府庫充、兵強名正，天時順，地利得，然後可舉。

《易》無體也。曰「既有典常」，則是有體也。恐遂以為有體，故曰「不可為典要」。「既有典常」，常也；「不可為典要」，變也。

莊周雄辯，數千年一人而已。如庖丁解牛，曰「躊躇四顧」；孔子觀呂梁之水，曰「蹈水之道無私」，皆至理之言也。

《老子》五千言，大抵皆明物理。

今有人登兩台，兩台皆等，則不見其高。一台高，然

資質和天性，是上天賦予的；學問，是從別人那裏學到的。資質和天性，是從內心發出的；學問，是從外界獲取的。從內心的真誠而自然明白道理，這是天性；從明白道理而內心變得真誠，這是學習。

顏回不會遷怒別人，同樣的錯誤不會犯兩次。轉移憤怒、重複犯錯，都是情緒的表現，而不是天性。如果學習不能達到通曉本性和天命之理的境界，就不能稱之為好學。

伯夷、柳下惠各自得到了聖人的一部分品質。伯夷得到了聖人的清高，柳下惠得到了聖人的和順。孔子有時清高有時和順，有時行動有時停止，所以他得到了聖人的時。

在《太玄經》中，九日對應兩卦，剩下的一卦對應四日半。

楊雄創作《太玄經》，可以說是洞察了天地之心。

用兵的原則，必須等到人民富裕、糧食充足、府庫豐盈、軍隊強大且名正言順，再加上天時有利，地形有利，然後才可以行動。

《易經》本身並沒有固定的體系。說它「有典常」，是說它有一定的法則和規律。擔心人們以為它有固定的體系，因此說「不可為典要」。所以說「既有典常」，是常道；「不可為典要」，是變化之道。

莊周的雄辯才能，幾千年來無人能及。他就像庖丁解牛一樣游刃有餘，說「踟躕四顧」；孔子觀看呂梁的瀑布，說「蹈水之道無私」，這些都是至理名言。

《老子》這本書有五千多字，大都是闡述事物的道理。

現在有人登上兩座高台，如果這兩座高台的高度相同，

後知其卑下者也。

學不至於樂，不可謂之學。

一國一家一身皆同。能處一身，則能處一家；能處一家，則能處一國；能處一國，則能處天下。心為身本，家為國本，國為天下本。心能運身。苟心所不欲，身能行乎？

人之精神，貴藏而用之。苟衒於外，則鮮有不敗者。如利刃，物來則剸之。若恃刃之利而求割乎物，則刃與物俱傷矣。

言發於真誠，則心不勞而逸，人久而信之。作偽任數，一時或可以欺人，持久必敗。

人貴有德。小人有才者，有之矣。故才不可恃，德不可無。

天地日月，悠久而已。故人當存乎遠，不可見其近。

君子處畎畝，則行畎畝之事；居廟堂，則行廟堂之事。故無入而不自得。

智數或能施於一朝，蓋有時而窮。惟至誠與天地同久。天地無，則至誠可息。苟天地不能無，則至誠亦不息也。

他就無法分辨哪座更高。只有當一座高台明顯高於另一座時，他才能意識到較低的那座。

學習如果沒有達到樂在其中的境地，就不能稱之為真正的學習。

治理國家管理家庭修養自身道理都是相通的。能夠妥善管理自身，就能管理好一個家庭；能管理好一個家庭，就能治理好一個國家；能治理好一個國家，就能應對天下的事務。心是身體的根本，家是國家的根本，國家是天下的根本。心能指揮身體行動。如果內心不願意，身體又怎麼會去行動呢？

人的精神，貴在深藏而善用。如果總是炫耀於外，就很少有不失敗的。就像鋒利的刀刃，遇到東西就能切割。但如果仗著刀刃鋒利而強行去割東西，刀刃和物體都會受損。

言語出於真誠，內心就不會勞累而會輕鬆，久而久之人們也會信任你。如果虛偽造作玩弄心計，或許能暫時欺騙別人，但長久下去必定會失敗。

人的可貴之處在於品德。雖然有些小人也有才能，這種情況是有的。因此才能不可依靠，而品德則不可或缺。

天地日月，都是長久存在的。所以人應當有遠大的眼光，不能只看到眼前。

君子身處田野，就做田野間該做的事；身居朝廷，就做朝廷中該做的事。因此無論身處何地都能自得其樂。

智謀權術或許能在一時之間發揮作用，但總有窮盡的時候。只有至誠之心才能與天地同壽。如果天地不復存在，那麼至誠之心便會消失。但既然天地不會消亡，至誠之心也就不會消失。

室中造車，天下可行，軌轍合故也。苟順義理，合人情，日月所照皆可行也。

中庸，非天降地出，揆物之理，度人之情，行其所安，是為得矣。

斂天下之智為智，斂天下之善為善，則廣矣。自用則小。

漢儒以反經合道為權，得一端者也。權，所以平物之輕重。聖人行權，酌其輕重而行之，合其宜而已。故執中無權者，猶為偏也。王通言：「《春秋》，王道之權。」非王通莫能及此。故權在一身，則有一身之權；在一鄉，則有一鄉之權；以至於天下，則有天下之權。用雖不同，其權一也。

夫弓，固有強弱。然一弓二人張之，則有力者以為弓弱，無力者以為弓強。故有力者不以己之力有餘而以為弓弱，無力者不以己之力不足而以為弓強，何不思之甚也？一弓非有強弱也，二人之力強弱不同也。今有食一杯在前，二人大餒而見之，若相讓則均得食矣；相奪則爭，非徒爭之而已，或不得其食矣。此二者，皆人情也，知之者鮮。知此，則天下之事皆如是也。

在室內造車，造出的車能在天下行駛，因為車的軌道是合乎標準的。如果順應義理，符合人情，只要有日月照耀的地方都能行得通。

中庸之道，並非從天而降或從地底冒出，依據事物的規律，按照人的情感，做事時使人感到安適，這就是得到了中庸的真諦。

匯聚天下的智慧才能成為真正的智者，匯聚天下的善行才能成為真正的善人，這樣胸懷就會寬廣。如果只是自用其智自恃其善那麼格局就會狹小。

漢代的儒者認為違背常規而合乎道義是權變，這只是看到了一方面。權變，是用來平衡事物的輕重的。聖人行使權變，是根據事物的輕重來靈活處理，只求合乎時宜。所以如果固守中庸而不懂得權變，仍然是一種偏執。王通說：「《春秋》，是王道權變的體現。」除了王通很少有人能認識到這一點。因此權變在一個人身上，就體現為一個人的權變；在一個鄉里，就體現為一個鄉的權變；以至於在整個天下，就體現為天下的權變。雖然應用不同，但權變的本質是一樣的。

弓，本身並沒有強弱之分。但是兩個人拉同一張弓，有力氣的人會覺得弓軟，力氣小的人則會覺得弓硬。因此有力氣的人不應因為自己力氣大就認為弓軟，力氣小的人也不應因為自己力氣小就認為弓硬，怎麼就不仔細想想呢？弓本身並沒有強弱，只是因為兩個人的力氣大小不同而已。現在有一杯食物放在面前，兩個飢餓之人看到了這杯食物，如果他們互相謙讓就能共同分享這杯食物；如果他們互相爭奪，不僅會爭吵起來，甚至可能誰都吃不到。這兩種情況，都是人之常情，但真正明白這個道理的人卻很少。如果能明白這一

夫《易》者，聖人長君子消小人之具也。及其長也，辟之於未然；及其消也，闔之於未然。一消一長，一闔一闢，渾渾然無跡。非天下之至神，其孰能與於此？

大過，本末弱也。必有大德大位，然後可救。常分，有可過者，有不可過者。有大德大位，可過者也，伊、周其人也，不可僭也。有大德無大位，不可過者也，孔、孟其人也，不可誣也。其位不勝德邪！大哉位乎，待才用之宅也。

復次剝，明治生於亂乎；姤次夬，明亂生於治乎。時哉時哉，未有剝而不復，未有夬而不姤者。防乎其防，邦家其長，子孫其昌。是以聖人貴未然之防，是謂《易》之大綱。

先天學，心法也。故《圖》皆自中起。萬化萬事，生乎心也。

先天學，主乎誠。至誠可以通神明，不誠則不可以得道。

先天圖中，環中也。

事必量力，量力故能久。

所行之路，不可不寬，寬則少礙。

點，那麼天下的事情也就都能理解了。

《易經》，是聖人用來增長君子之德消除小人之氣的工具。在君子之德增長時，《易經》就像在未雨綢繆一樣給予指導；在消除小人之氣時，又像在及時關門一樣防止惡行。這種一消一長，一開一合的過程，渾然天成不留痕跡。如果不是天下最神奇的力量，誰又能做到這一點呢？

大過卦，象徵著本末俱弱。只有擁有大德和大位的人，才能挽救這種局面。在正常的分寸之內，有些事情是可以做得過分的，有些事情則不可以。擁有大德和大位的人，有些事情可以做得過分一些，比如伊尹、周公就是這樣的人，但這並沒有僭越禮制。擁有大德但沒有大位的人，則不能做過分的事情，比如孔子、孟子就是這樣的人，他們的德行不容歪曲。是大位與德行不相稱嗎！大位本身就是非常重要的，它是等待有才能的人來發揮作用的場所。

復卦之後是剝卦，這說明了治世是從亂世中產生的；姤卦之後是夬卦，這說明了亂世是從治世中產生的。時機啊時機，沒有剝落就不會有復興，沒有決裂就不會有新的邂逅。防範於未然，國家就能長治久安，子孫後代也能繁榮昌盛。因此聖人重視未然之防，這就是《易經》的核心思想。

先天學說，是心法。所以《河圖》都是從中間開始的。萬事萬物的變化，都源於心。

先天學說，注重的是真誠。極致的真誠可以通達神明，不真誠則無法領悟道理。

在先天圖中，它處於核心的位置。

做事必須衡量自己的能力，衡量能力所以能夠持久。

所走的路，不能不寬廣，寬廣則障礙少。

知《易》者不必引用講解，是為知《易》。孟子之言未嘗及《易》，其間易道存焉，但人見之者鮮耳。人能用《易》，是為知《易》。如孟子，可謂善用《易》者也。

學以人事為大。今之經典，古之人事也。

《春秋》三傳之外，陸淳、啖助可以兼治。

所謂皇帝王霸者，非獨謂三皇五帝三王五霸而已。但用無為則皇也，用恩信則帝也，用公正則王也，用智力則霸也。霸以下則夷狄，夷狄而下是禽獸也。

季札之才近伯夷，

叔向、子產、晏子之才相等埒。

管仲用智數，晚識物理，大抵才力過人也。

五霸者，功之首、罪之魁也。《春秋》者，孔子之刑書也。功過不相掩，聖人先褒其功，後貶其罪。故罪人有功亦必錄之，不可不恕也。

「始作兩觀」，始者，貶之也，誅其舊無也；「初獻六羽」，初者，褒之也，以其舊僭八佾也。

某人受《春秋》於尹師魯，師魯受於穆伯長。某人後復攻伯長曰：「《春秋》無褒，皆是貶也。」田述古曰：「孫復亦云《春秋》有貶而無褒。」曰：「《春秋》禮法

真正懂《易經》的人不必總是引用講解，這才叫懂《易經》。孟子的言論中並未直接提到《易經》，但其中卻蘊含著易的道理，只是人們很少能看出來。人能運用《易經》的道理，就是懂《易經》。像孟子，就可以說是善於運用《易經》的人。

學習以研究人事最為重要。今天的經典文獻，記載的是古代的人事。

除了《春秋》的三傳之外，陸淳、啖助的著作也可以兼讀。

所說的皇帝王霸，不僅僅是指三皇五帝三王五霸這些人。採用無為而治的是皇，用恩信來治理的是帝，用公正來治理的是王，用智謀和武力來統治的是霸。霸以下就是夷狄，夷狄以下就是禽獸了。

季札的才能接近於伯夷。

叔向、子產、晏子的才能不相上下。

管仲運用智謀，晚年洞察事物的道理，大體上他的才能和能力都超過常人。

春秋五霸，是功勞之首、也是罪惡之首。《春秋》，是孔子的刑法之書。功過不能相互掩蓋，聖人先讚揚他的功勞，然後再貶斥他的罪過。所以罪人如果有功也一定要記錄下來，這是不能不寬容的。

「開始建造兩座觀台」，開始，是貶斥他，是譴責他以前沒有而現在新建；「初次進獻六支舞」，初次，是表揚他，因為他以前僭越使用過八支舞的行列現在減少了。

某人從尹師魯學習《春秋》，尹師魯又受教於穆伯長。某人後來又指責穆伯長說：「《春秋》沒有表揚，全是貶斥。」田述古說：「孫復也說《春秋》只有貶斥而沒有褒

廢，君臣亂。其間有能為小善者，安得不進之也？況五霸實有功於天下。且五霸固不及於王，不猶愈於夷狄乎，安得不與之也？治《春秋》者，不辨名實，不定五霸之功過，則未可言治《春秋》。先定五霸之功過而治《春秋》，則大意立，若事事求之，則無緒矣。」

凡人為學，失於自主張太過。

平王名雖王，實不及一小國之諸侯。齊、晉雖侯，而實僭王。此《春秋》之名實也。子貢欲去告朔之餼羊。羊，名也。禮，實也。名存而實亡，猶愈於名實俱亡。苟存其名，安知後世無王者作？是以有所待也。

秦穆公有功於周，能遷善改過，為霸者之最。晉文侯世世勤王，遷平王於洛，次之。齊桓公六合諸侯，不以兵車，又次之。楚莊強大，又次之。宋襄公雖霸而力微，會諸侯而為楚所執，不足論也。治《春秋》者，不先定四國之功過，則事無統理，不得聖人之心矣。春秋之間，有功者未見大於四國者，有過者亦未見大於四國者也。故四者，功之首、罪之魁也。人言《春秋》非性命書，非也。至於書「郊牛之口傷，改卜牛，牛死，乃不郊，猶三望」，此因魯事而貶之也。聖人何容心哉？無我故也。豈非由性命而發言也。又云：「《春秋》皆因事而褒貶，豈容人特

揚。」某人說：「《春秋》時期禮法廢弛，君臣混亂。在這期間有人能做點小的好事，怎能不加以提倡呢？何況五霸確實對天下有功。而且五霸固然比不上王，難道比不上夷狄嗎，怎能不肯定他們呢？研究《春秋》的人，如果不分辨名實，不判定五霸的功過，那就不能說他研究過《春秋》。先確定五霸的功過再研究《春秋》，那麼《春秋》的大意就確立了，如果每件事都追究，那就沒有頭緒了。」

大凡人做學問，往往失誤在自以為是主觀臆斷太過。

周平王雖然名義上是天子，但實際上他的權力還比不上一個小國的諸侯。齊國、晉國雖然是諸侯，但實際上他們的行為已經僭越為王。這是《春秋》中名與實的關係。子貢想要廢除每月初一告祭祖廟時的祭羊。羊，是名義上的祭品。禮儀，才是實際的內涵。名義存在而實質消失，總比名義和實質都消失要好。如果名義還存在，誰知道後世會不會有真正的王者出現呢？因此保留名義是為了等待將來可能的復興。

秦穆公對周朝有功，能夠改過向善，是霸主中最出色的。晉文侯世代勤勉地輔佐周王，還將周平王遷至洛陽，他的功績僅次於秦穆公。齊桓公多與諸侯會盟，卻沒有動用武力，他的地位又要稍低一些。楚莊王雖然強大，但排名還要再往後。宋襄公雖然也稱霸但力量微弱，在與諸侯會盟時被楚國俘虜，所以不值得一提。研究《春秋》的人，如果不先確定這四個國家的功過，那麼歷史事件就沒有條理，也就無法領會聖人的思想了。在春秋時期，論功沒有比這四個國家更大的，論過也沒有比這四個國家更嚴重的。所以這四個國家，是功勞之首、罪過之最。有人說《春秋》不是關於本性和天命的書，這是不對的。比如書中記載「郊祭的牛口受傷，改換牛後，牛又死了，於是就不再進行郊祭，只是到

立私意哉？」又曰：「《春秋》，聖人之筆削，為天下之至公，不知聖人之所以為公也。如因『牛傷』，則知魯之僭郊；因『初獻六羽』，則知舊僭八佾；因『新作雉門』，則知舊無雉門。皆非聖人有意於其間，故曰：『《春秋》，盡性之書也。』」

《春秋》為君弱臣強而作，故謂之名分之書。聖人之難，在不失仁義忠信而成事業。何如則可？在於「絕四」。

有馬者，借人乘之，捨己以從人也。

或問：「『才難』，何謂也？」曰：「臨大事，然後見才之難也。」曰：「何獨言才？」曰：「才者，天之良質也。學者，所以成其才也。」曰：「古人有不由學問而能立功業者，何必曰學？」曰：「周勃、霍光能成大事，唯其無學，故未盡善也。人而無學，則不能燭理；不能燭理，則固執而不通。人有出人之才，必以剛克。中剛則足以立事業，處患難。若用於他，反為邪惡。故孔子以申棖為『焉得剛』。既有慾心，必無剛也。」

三處望祭」，這是藉魯國的事情來進行貶斥。聖人怎麼會有私心呢？聖人沒有私心。所以才能根據事實來發言。又有人說：「《春秋》都是根據事實來進行褒貶，怎麼能容許人夾雜私意呢？」還有人說：「《春秋》，是聖人的著作，是天下最公正的，但人們不知道聖人為甚麼公正。比如因為『牛傷』，就知道魯國舉行的郊祭有僭越行為；因為『初獻六羽』，就知道以前使用了八佾之舞是僭越行為；因為『新作雉門』，就知道以前沒有雉門。這些都不是聖人有意為之，所以說：『《春秋》，是盡顯人性之書。』」

《春秋》是因為君主勢弱而臣子勢強的情況而創作的，因此它被稱為是關於名分的書。聖人所面臨的難處，在於如何在不失去仁義忠信的同時成就一番事業。要怎麼做才能達到這個境界呢？關鍵在於「毋意、毋必、毋固、毋我」。

擁有馬匹的人，借給別人騎乘，這是捨棄自己的使用權來順從別人。

有人問：「『才難』，這是甚麼意思？」回答說：「只有在面臨重大事情的時候，才能看出真正的人才是多麼難得。」又問：「為甚麼只說才難得呢？」回答說：「才，是上天賦予人的良好資質。學習，則是為了成就這種才質。」又問：「古代有人不通過學習也能建立功業的，那麼又何必強調學習呢？」回答說：「周勃、霍光能成就大事，正因為他們沒有學識，所以行事並不盡善盡美。一個人如果不學習，就不能洞察事物的道理；不能洞察道理，就會固執己見而不通達。人如果有超凡的才能，必須以剛強來駕馭。內心剛強就足以建功立業，面對患難也能堅定不移。但如果將這種剛強用於其他方面，反而會走向邪惡。所以孔子評價申棖時說『哪裡有剛強』。這是因為申棖有私欲，有私欲的人必然缺

君子喻於義，賢人也。小人喻於利而已。義利兼忘者，唯聖人能之。君子畏義而有所不為，小人直不畏耳。聖人則動不逾矩，何義之畏乎？

顏子不貳過，孔子曰「有不善未嘗不知，知之未嘗復行」是也，是一而不再也。韓愈以為將發於心而便能絕去，是過與顏子也。過與是為私意，焉能至於道哉？或曰：「與善不亦愈於與惡乎？」曰：「聖人則不如是。私心過與，善惡同矣。」

為學養心，患在不由直道。去利欲，由直道，任至誠，則無所不通。天地之道，直而已，當以直求之。若用智數由逕以求之，是屈天地而循人欲也，不亦難乎？

事無巨細，皆有天人之理。修身，人也；遇不遇，天也。得失不動心，所以順天也；行險徼幸，是逆天也。求之者，人也；得之與否，天也。得失不動心，所以順天也；強取必得，是逆天理也。逆天理者，患禍必至。

魯之「兩觀」「郊天」「大禘」，皆非禮也。諸侯苟有四時之禘，以為常祭可也。至於五年大禘，不可為也。

乏剛強。」

君子懂得道義，就是賢人。小人只懂得利益僅此而已。能夠同時忘卻道義和利益的人，只有聖人才能做到。君子敬畏道義因此有些事情他們不會去做，小人則無所畏懼。聖人一舉一動都合乎規矩，所以他們怎會畏懼道義？

顏回不會犯同樣的錯誤，孔子說「顏回一旦發現自己有不好的地方他就會立刻意識到，並且不會再犯同樣的錯誤」，這是一次改正就不再犯。韓愈認為只要心中一動念就能立刻斷絕錯誤，這是過分誇讚顏回了。過分誇讚是出於私心，這樣怎麼能達到道呢？有人問：「與善相比不是比與惡更好嗎？」回答說：「聖人不是這樣的。出於私心的過分誇讚，無論是對於善還是惡都是一樣的。」

做學問修養心性，問題在於不能遵循正直之道。摒棄私欲，遵循正直之道，保持至誠之心，那麼就沒有甚麼不能通達的。天地的法則，是正直，我們應當用正直的態度去追求。如果運用智謀通過捷徑去追求，那就是在扭曲天地法則而順從人的私欲，這不是很難嗎？

事情無論大小，都蘊含著天和人的道理。修身養性，是人的責任；而能否得到機遇，是天意。對於得失不動心，這是順應天意；而行險僥倖，則是違背天意。追求，是人的行為；能否得到，則是天意。對於得失不動心，這是順應天意；強行索取必定要得到，這是違背天理的。違背天理的人，災禍必然會降臨。

魯國舉行的「兩觀」「郊天」「大禘」的祭祀，這些都不合乎禮制。如果諸侯每年按四季舉行禘祭，作為常規祭祀是可以的。但至於每隔五年舉行一次的大禘之祭，那是不可以的。

「仲弓可使南面」，可使從政也。

「誰能出不由戶」，戶，道也。未有不由道而能濟者也。不由戶者，開穴隙之類是也。

「多聞，擇其善者而從之」，雖多聞，必擇善而從之；「多見而識之」，識，別也。雖多見，必有以別之。或問「顯諸仁，藏諸用」，曰：「若日月之照臨，四時之成歲，是『顯諸仁』也；其度數之然而不知其所以然，是『藏諸用』也。」

洛下閎改《顓頊曆》為《太初曆》。子雲準太初而作《太玄》，凡八十一卦，九分共二卦，凡一五隔一四。細分之，則四分半當一卦。氣起於中心，故首中卦。

「參天兩地而倚數」，非天地之正數也。倚者，擬也，擬天地正數而生也。

元、亨、利、貞，變易不常，天道之變也；吉、凶、悔、吝，變易不定，人道之應也。

鬼神者，無形而有用，其情狀可得而知也，於用可見之矣。若人之耳目鼻口手足，草木之枝葉華實顏色，皆鬼神之所為也。福善禍淫，主之者，誰邪？聰明正直，有之者，誰邪？不疾而速，不行而至，任之者，誰邪？皆是鬼神之情狀也。

「仲弓可以使他治理國家」，這是說仲弓有能力從政。

「誰能走出屋外而不經過屋門」，戶，指的是出入的通道。沒有不經過正常的途徑而能達到目的的。不經過屋門，就像是挖洞或找縫隙這類非正常途徑。

「多聽，選擇其中好的部分去學習」，即使聽得多，也一定要選擇好的去學習；「多看並且辨別它」，識，指的是辨別的意思。即使看得多，也一定要能夠區分其中的不同。有人問「把仁顯現出來，把用隱藏起來」是甚麼意思，回答說：「就像日月照耀大地，四季更迭形成一年，這就是『顯諸仁』；而那些天文曆法的度數雖然準確無誤地運行但我們並不明白其中的原理，這就是『藏諸用』。」

洛下閎將《顓頊曆》修改為《太初曆》。揚雄仿照《太初曆》創作了《太玄》，總共八十一卦，九分之一合為兩卦，總共是五個單位隔著一個四個單位。如果細分的話，那麼四個半單位就相當於一卦。氣從中心開始，所以首卦是中卦。

「參照天數和地數來制定曆法」，這並不是直接採用天地的自然數。倚，是模擬的意思，是模擬天地的自然數來制定曆法的。

元、亨、利、貞，代表了變化無常，是天道變化的體現；吉、凶、悔、吝，這些變化沒有固定規律，是人道對天道變化的反應。

鬼神，雖無形卻具有作用，它們的情狀可以被認知，通過其作用可以被觀察到。就像人的耳目鼻口手足，以及草木的枝葉花朵果實顏色，都是鬼神作用的表現。福佑善行降禍淫行，這背後的主宰，是誰呢？聰明正直的品質，擁有的人，又是誰呢？無需疾行卻能迅速到達，無需行走卻能即刻抵達，這背後的推動者，又是誰呢？這些都是鬼神情狀的體現。

《易》有意、象。立意皆所以明象，統下三者：有言象，不擬物而直言以明事；有像象，擬一物以明意；有數象，七日、八月、三年、十年之類是也。

《易》之數，窮天地終始。或曰：「天地亦有終始乎？」曰：「既有消長，豈無終始？天地雖大，是亦形器，乃二物也。」

《易》有內象，理致是也；有外象，指定一物而不變者是也。

在人則乾道成男，坤道成女；在物則乾道成陽，坤道成陰。

「神無方而《易》無體」，滯於一方則不能變化，非神也；有定體則不能變通，非《易》也。《易》雖有體，體者，象也。假象以見體而本無體也。

「一陰一陽之謂道」，道無聲無形，不可得而見者也，故假道路之道而為名。人之有行，必由乎道。一陰一陽，天地之道也。物由是而生，由是而成者也。

事無大小，皆有道在其間。能安分則謂之道，不能安分謂之非道。「顯諸仁」者，天地生萬物之功，則人可得而見也；所以造萬物，則人不可得而見，是「藏諸用」也。

《易經》包含意、象兩個方面。立意都是為了闡明象，統攝以下三種情況：有言象，不模擬具體事物而直接用言語來闡明事理；有像象，通過模擬某一事物來闡明意義；有數象，如七日、八月、三年、十年等時間概念。

《易經》的數理，探究了天地的始終。有人問：「天地也有始終嗎？」回答說：「既然有消長變化，怎麼會沒有始終呢？天地雖然廣大，但也是有形有象的器物，屬於陰陽二氣所構成。」

《易經》有內象，指的是內在的道理和規律；有外象，指的是具體指定而不變的事物。

在人類中乾道代表成年男性，坤道代表成年女性；在事物中乾道代表陽性，坤道代表陰性。

「神沒有固定的方向《易經》沒有固定的形式」，如果神被局限在某個特定的方向就無法變化，那就不是真正的神；如果《易經》有固定的形態就無法靈活變通，那就不是真正的《易經》。雖然《易經》看似有其特定的形式，這些形式，通過象來表現的。《易經》通過象來顯現其內涵並沒有一個固定的形態。

「一陰一陽之謂道」，道是沒有聲音沒有形狀的，無法直接看見，所以借用道路的道來命名。人的行動，必須遵循道。一陰一陽，是天地的規律。萬物由此而產生，由此而成長。

事情無論大小，都蘊含著道。能夠安於本分就符合道，不能安於本分就違背道。「顯諸仁」，是指天地生育萬物的功德，人們可以看到；而創造萬物的原理，人們卻無法看到，這就是「藏諸用」。

正音律數行至於七而止者，以夏至之日出於寅而入於戌。亥、子、丑三時，則日入於地而目無所見，此三數不行者，所以比於三時也。故生物之數亦然。非數之不行也，有數而不見也。

月體本黑，受日之光而白。

水在人之身為血，土在人之身為肉。

經綸天下之謂才，速舉必至之謂志，並包含容之謂量。

六虛者，六位也。虛以待變，動之事也。

有形則有體，有性則有情。

天主用，地主體；聖人主用，百姓主體，故「日用而不知」。

膽與腎同陰，心與脾同陽。心主目，脾主鼻。

陽中陽，日也；陽中陰，月也；陰中陽，星也；陰中陰，辰也。柔中柔，水也；柔中剛，火也；剛中柔，土也；剛中剛，石也。

法始乎伏羲，成乎堯，革於三王，極於五霸，絕於秦。萬世治亂之跡，無以逃此矣。

日為心，月為膽，星為脾，辰為腎，藏也；石為肺，土為肝，火為胃，水為膀胱，府也。

《易》之生數，一十二萬九千六百，總為四千三百二

音樂中的音律數到七就停止，是因為夏至時太陽從寅時升起戌時落下。亥、子、丑三個時辰，太陽已經落入地下人們無法看見，所以這三個數不計算在內，用來比喻這三個時辰。因此生物的生長之數也是如此。不是數目不運行，而是有數卻看不見。

月亮本身是黑色的，因為受到陽光的照射才顯得明亮。

水在人體中對應的是血，土在人體中對應的是肉。

治理天下稱為才，迅速行動且一定能達到目標的稱為志向，包容並蓄稱為量。

六虛，指的是六個爻位。虛是等待變化，是動態的過程。

有形就有體，有性就有情。

天主管用，地主管體；聖人主管用，百姓主管體，所以百姓「日用而不知」。

膽和腎同屬陰，心和脾同屬陽。心主管眼睛，脾主管鼻子。

陽中的陽，是太陽；陽中的陰，是月亮；陰中的陽，是星；陰中的陰，是辰。柔中的柔，是水；柔中的剛，是火；剛中的柔，是土；剛中的剛，是石。

法則始於伏羲，在堯時得到完善，在三王時有所變革，在五霸時達到極致，在秦朝時斷絕。萬世治亂的軌跡，都逃不出這個範疇。

日對應心，月對應膽，星對應脾，辰對應腎，這些都是臟；石對應肺，土對應肝，火對應胃，水對應膀胱，這些都是腑。

《易經》的生成之數，是一十二萬九千六百，總括為

十世，此消長之大數。演三十年之辰數，即其數也。歲三百六十日，得四千三百二十辰。以三十乘之，得其數矣。凡甲子、甲午為世首。此為經世之數，始於日甲，月子，星甲，辰子。又云：「此經世日甲之數，月子、星甲、辰子從之也」。

鼻之氣，目見之；口之言，耳聞之，以類應也。

倚蓋之說，昆侖四垂而為海。推之理，則不然。夫地直方而靜，豈得如圓動之天乎？

海潮者，地之喘息也。所以應月者，從其類也。十干，天也；十二支，地也。支、干，配天地之用也。動物自首生，植物自根生。自首生，命在首；自根生，命在根。

神者，《易》之主也，所以無方；《易》者，神之用也，所以無體。

循理則為常，理之外則為異矣。

風類水類，小大相反。

震為龍。一陽動於二陰之下，震也。重淵之下有動物者，豈非龍乎？

一、十、百、千、萬、億為奇，天之數；十二、百二十、千二百、萬二千、億二萬為偶，地之數也。

天之陽，在東南，日月居之；地之陰，在西北，火石

四千三百二十世，這是事物消長變化的大數。推演到三十年的辰數，就是這個數。一年有三百六十天，得到四千三百二十個辰。用三十乘這個數，就得到了。凡是甲子、甲午都是世代的開始。這是經世之數，從日甲、月子、星甲、辰子開始。又說：「這是經世的日甲之數，月子、星甲、辰子都跟隨它。」

鼻子的氣息，眼睛可以看到；口中的言語，耳朵可以聽到，這是同類相互感應。

倚蓋之說認為，昆侖山四面下垂形成海。但推究道理，卻並非如此。大地是方直而靜止的，怎麼能像天那樣圓轉運動呢？

海潮，是大地的呼吸。它之所以與月亮相應，是因為它們屬於同一類。十天干，代表天；十二地支，代表地。地支、天干，配合天地相互作用。動物從頭部開始生長，植物從根部開始生長。從頭部生長的動物，生命在於頭部；從根部生長的植物，生命在於根部。

神，是《易經》的主宰，所以沒有固定的方向；《易經》，是神的功用，所以沒有固定的形體。

遵循道理就是正常，違背道理就是異常。

風類和水類，它們的形態和力量大不相同。

震卦代表龍。一個陽爻在兩個陰爻之下震動，這就是震卦。在深淵之下有活動的生物，難道不是龍嗎？

一、十、百、千、萬、億是奇數，代表天數；十二、百二十、千二百、萬二千、億二萬是偶數，代表地數。

天的陽氣，在東南方，日月就位於那裏；地的陰氣，在

處之。

身，地也，本乎靜，所以能動者，氣血使之然也。

火以性為主，體次之；水以體為主，性次之。

陽性而陰情，性神而情鬼。

「起震終艮」一節，明文王八卦也；「天地定位」一節，明伏羲八卦也；「八卦相錯」者，明交錯而成六十四也。

「數往者順」，若順天而行，是左旋也。皆已生之卦也，故云「數往」也；「知來者逆」，若逆天而行，是右行也。皆未生之卦也，故云「知來」也。夫《易》之數，由逆而成矣。此一節直解《圖》意，若逆知四時之謂也。

《堯典》：「期三百六旬有六日。」夫日之餘盈也六，則月之餘縮也亦六。若去日月之餘十二，則有三百五十四，乃日行之數。以十二除之，則得二十九日。

五十分之則為十。若三天兩之則為六，兩地又兩之則為四，此天地分太極之數也。天之變六。六其六得三十六，為乾一爻之數也。積六爻之策，共得二百一十有六，為乾之策；六其四得二十四，為坤一爻之策。積六爻之數，共得一百四十有四，為坤之策。積二篇之策，乃萬有

西北方，火石就位於那裏。

身體，是地，本質上是靜止的，之所以能動，是氣血使它這樣的。

火的性質是主要的，形體是次要的；水的形體是主要的，性質是次要的。

陽性代表精神陰性代表情感，精神屬於神明的範疇情感則與鬼魂有關。

「起震終艮」這一節，是講明文王八卦的；「天地定位」這一節，是講明伏羲八卦的；「八卦相錯」，是講明八卦交錯而形成六十四卦的。

「數往者順」，如果順著天的運行方向，就是向左旋轉。這些都是已經產生的卦，所以叫「數往」；「知來者逆」，如果逆著天的運行方向，就是向右旋轉。這些都是還未產生的卦，所以叫「知來」。《易經》的數，是由逆推而得出的。這一節直接解釋了《河圖》的意思，就像逆推四季的變化一樣。

《堯典》說：「一年有三百六十六天。」如果日的盈餘是六，那麼月的虧縮也是六。如果去掉日月的盈虧十二，就剩下三百五十四天，這是太陽每天運行的數。用十二除這個數，得到二十九天。

把五十分成十。如果把三天乘以二就是六，把兩地乘以二就是四，這是天地分太極的數。天的變化是六，六乘六得到三十六，這就是乾卦一爻的數。把六爻的數加起來，總共得到二百一十六，這是乾卦的總數；六乘四得到二十四，這是坤卦一爻的數。把六爻的數加起來，總共得到一百四十

一千五百二十也。

《素問》：「肺主皮毛，心脈，脾肉，肝筋，腎骨。」上而下，外而內也。「心血，腎骨」，交法也。交即用也。

《易》始於三皇，《書》始於二帝，《詩》始於三王，《春秋》始於五霸。

「乾為天」之類，本象也；「為金」之類，列象也。

《易》之首於乾、坤，中於坎、離，終於水火之交、不交，皆至理也。

天地並行，則藏府配。四藏天，四府地也。

自乾、坤至坎、離，以天道也；自咸、恒至既濟、未濟，以人事也。

太極，一也，不動；生二，二則神也。

火生濕，水生燥。

神生數，數生象，象生器。

太極不動，性也。發則神，神則數，數則象，象則器。器之變，復歸於神也。

復至乾，凡百有二十陽；姤至坤，凡八十陽。姤至坤，凡百有二十陰；復至乾，凡八十陰。

四，這是坤卦的總數。把兩篇的總數加起來，就是一萬一千五百二十。

《素問》中說：「肺主皮毛，心主血脈，脾主肌肉，肝主筋腱，腎主骨骼。」這是從上到下，從外到內的對應關係。「心血，腎骨」，這是交互作用的法則。交互就是運用。

《易經》的起源可以追溯到三皇時期，《尚書》的起源可以追溯到二帝時期，《詩經》的起源可以追溯到三王時期，《春秋》的起源可以追溯到五霸時期。

「乾為天」這一類的說法，是描述事物本原的象；「為金」這一類的說法，則是列舉事物所屬的象。

《易經》以乾卦、坤卦為起始，以坎卦、離卦為中點，最終歸結於水火相交、不交，這些都是至高無上的道理。

天地並行，那麼人體的臟腑也與之相配。其中四臟屬於天，四腑屬於地。

從乾卦、坤卦到坎卦、離卦，這是遵循天道的順序；從咸卦、恒卦到既濟卦、未濟卦，這是遵循人事的順序。

太極，是混沌未分的整體，是不動的；它產生出陰陽二氣，這二氣就具有了神奇的變化能力。

火能產生濕氣，水能產生乾燥。

神產生數，數產生象，象產生具體的器物。

太極本身是不動的，這是它的本性。一旦發動就會產生神奇的變化，神奇的變化就會產生數，數就會產生象，象就會產生具體的器物。器物的變化最終又會回歸到神的狀態。

從復卦到乾卦，總共有一百二十個陽爻；從姤卦到坤卦，總共有八十個陽爻。從姤卦到坤卦，總共有一百二十個

乾，奇也，陽也，健也，故天下之健莫如天；坤，耦也，陰也，順也，故天下之順莫如地，所以順天也。震，起也，一陽起也。起，動也。故天下之動莫如雷。坎，陷也，一陽陷於二陰。陷，下也。故天下之下莫如水。艮，止也，一陽於是而止也，故天下之止莫如山。巽，入也，一陰入二陽之下，故天下之入莫如風。離，麗也，一陰離於二陽，其卦錯然成文而華麗也。天下之麗莫如火，故又為附麗之麗。兌，說也，一陰出於外而說於物，故天下之說莫如澤。

火內暗而外明，故離陽在外。火之用，用外也。水外暗而內明，故坎陽在內。水之用，用內也。「參天兩地而倚數」，非天地之正數也。倚者，擬也，擬天地正數而生也。

人謀，人也；鬼謀，天也。天人同謀而皆可，則事成而吉也。

湯放桀、武王伐紂，而不以為弒者，若孟子言「男女授受不親，禮也；嫂溺則援之以手，權也」。故孔子既尊夷、齊，亦與湯、武。夷、齊，仁也；湯、武義也。唯湯、武則可，非湯、武，是篡也。

諸卦不交於乾、坤者，則生於否、泰。否、泰，乾、

陰爻；從復卦到乾卦，總共有八十個陰爻。

乾，代表奇數，陽剛，剛健，所以天下最剛健的莫過於天；坤，代表偶數，陰柔，順從，所以天下最順從的莫過於地，因此地是順應天的。震，代表起始，一陽初起。起，就是動。所以天下最動蕩的莫過於雷。坎，代表陷落，一陽陷入二陰之中。陷，就是向下。所以天下最向下的莫過於水。艮，代表停止，一陽在這裏停止，所以天下最靜止的莫過於山。巽，代表進入，一陰進入二陽之下，所以天下最深入的莫過於風。離，代表附麗，一陰分離二陽，其卦象交錯而形成花紋顯得華麗。天下最華麗的莫過於火，所以離又代表附麗之美。兌，代表喜悅，一陰出現在外面而喜悅於物，所以天下最令人喜悅的莫過於澤。

火內部暗淡而外部明亮，所以離卦的陽爻在外。火的作用，主要表現在外部。水外部暗淡而內部明亮，所以坎卦的陽爻在內。水的作用，主要表現在內部。「參天兩地而倚數」，這並不是天地的正數。倚，是模擬的意思，是模擬天地的正數而產生的。

人謀，是人的謀劃；鬼謀，是天的謀劃。如果天和人的謀劃相同且都是可行的，那麼事情就能成功並帶來吉祥。

商湯放逐夏桀、周武王討伐商紂王，卻不被視為弒君，這正如孟子所說「男女之間不親手遞接東西，這是禮制；但如果嫂子溺水就要伸手去救，這是變通的做法。」所以孔子既尊重伯夷、叔齊的仁德，也贊同商湯、周武王的義舉。伯夷、叔齊代表仁；商湯、周武王代表義。只有商湯、周武王這樣的舉動才可以，如果不是商湯、周武王，那就是篡位了。

各個卦象如果不與乾卦、坤卦相交，就產生於否卦、泰

坤之交也。乾、坤起自奇偶，奇偶生自太極。

自泰至否，其間則有蠱矣；自否至泰，其間則有隨矣。

天使我有是之謂命，命之在我之謂性，性之在物之謂理。

變從時而使天下之事不失禮之大經，變從時而順天下之理不失義之大權者，君子之道也。

朔易之陽氣，自北方而生，至北方而盡，謂變易循環也。

春陽得權，故多旱；秋陰得權，故多雨。

元有二，有生天地之始，太極也；有萬物之中各有始者，生之本也。

五星之說，自甘公、石公始也。

天地之心者，生萬物之本也。天地之情者，情狀也，與鬼神之情狀同。

天有五辰，日、月、星、辰與天而為五；地有五行，金、木、水、火與土而為五。

有溫泉而無寒火，陰能從陽，而陽不能從陰也。

有雷則有電，有電則有風。

木之堅，非雷不能震；草之柔，非露不能潤。

卦之間。否卦、泰卦，是乾卦、坤卦的交互作用。乾卦、坤卦起源於奇數和偶數的組合，而奇數和偶數又產生於太極。

從泰卦到否卦的過程中，中間會有蠱卦出現；從否卦到泰卦的過程中，中間則會有隨卦出現。

上天賦予我的叫作命運，命運掌握在我自己手中叫作性，性體現在萬物之中叫作理。

隨著時代的變化而行動使天下的事情都不違背禮的基本原則，隨著時代的變化而順應天下的道理不失去義的根本準則，這是君子的行事之道。

《易經》中所說的陽氣，從北方開始產生，到北方結束，這表示變化循環不息。

春天陽氣盛行，所以多乾旱；秋天陰氣盛行，所以多雨水。

元有兩種含義，一是指天地初開之時，是太極；二是指萬物各自有它們的起始，是生命的根本。

關於五星的說法，是從甘公、石公開始的。

天地的核心，是產生萬物的根本。天地之情，叫做情狀，與鬼神的情狀是相同的。

天上有五辰，日、月、星、辰和天合稱為五；地上有五行，金、木、水、火和土合稱為五。

有溫泉卻沒有寒火，這是因為陰能跟隨陽，而陽不能跟隨陰。

有雷就有電，有電就有風。

木頭堅硬，非雷不能震動它；草柔軟，非露水不能滋潤

人智強，則物智弱。

陽數於三百六十上盈，陰數於三百六十上縮。

人為萬物之靈，寄類於走。走，陰也，故百有二十。

雨生於水，露生於土，雷生於石，電生於火。電與風，同為陽之極，故有電必有風。

莊子與惠子遊於濠梁之上，莊子曰：「鯈魚出遊從容，是魚之樂也。」此盡己之性，能盡物之性也。非魚則然，天下之物皆然。若莊子者，可謂善通物矣。

莊子著《盜跖》篇，所以明至惡雖至聖亦莫能化，蓋上智與下愚不移故也。

魯國之儒一人者，謂孔子也。

老子，知《易》之體者也。

天下之事，始過於重，猶卒於輕；始過於厚，猶卒於薄。況始以輕，始以薄者乎？故鮮失之重，多失之輕；鮮失之厚，多失之薄。是以君子不患過乎重，常患過乎輕；不患過乎厚，常患過乎薄也。

它。

人的智慧強大，物的智慧就顯得弱小。

陽數在三百六十之上還有盈餘，陰數在三百六十之上卻有所縮減。

人是萬物之靈，歸類於行走的動物。行走，屬於陰性，所以人的壽命是一百二十歲。

雨是由水生成的，露是由土生成的，雷是由石頭生成的，電是由火生成的。電和風，都是陽氣的極致表現，所以有電就一定有風。

莊子和惠子在濠水的橋上遊玩，莊子說：「鯈魚游得從容自在，這是魚的快樂。」這是說人能夠盡自己的本性，也能理解事物的本性。不僅是對魚這樣，對天下所有的事物都是如此。像莊子這樣的人，可以說是善於與萬物相通的了。

莊子寫了《盜跖》這篇文章，是為了說明極度的惡即使是最為聖賢之人也不能感化，大概是因為上等的智慧和下等的愚昧都是不可改變的吧。

魯國的儒者只有一個人，指的就是孔子。

老子，是了解《易經》本質的人。

天下的事情，開始時如果過於慎重，最終往往會變得輕率；開始時如果過於厚重，最終往往會變得輕薄。更何況一開始就輕率，一開始就輕薄的情況呢？所以很少有人在開始時過於慎重而失敗的，卻有很多人因為開始時輕率而失敗；很少有人在開始時過於厚重而失敗的，卻有很多人因為開始時輕薄而失敗。因此君子不擔心開始時過於慎重，而是常常擔心開始時過於輕率；不擔心開始時過於厚重，而是常常擔心開始時過於輕薄。

莊子《齊物》，未免乎較量。較量則爭，爭則不平，不平則不和。

「無思無為」者，神妙致一之地也。所謂「一以貫之」。聖人以此洗心，退藏於密。

「當仁，不讓於師」者，進人之道也。

秦穆公伐鄭，敗而有悔過自誓之言，此非止霸者之事，幾於王道，能悔則無過矣。此聖人所以錄於《書》末也。

劉絢問無為，對曰：「『時然後言，人不厭其言；樂然後笑，人不厭其笑；義然後取，人不厭其取』，此所謂無為也。瞽瞍殺人，舜視棄天下猶棄敝屣也，竊負而逃，遵海濱而處，終身訢然樂而忘天下。聖人，雖天下之大，不能易天性之愛。」

文中子曰：「易樂者必多哀，輕施者必好奪。」或曰：「天下皆爭利棄義，吾獨若之何？」子曰：「『捨其所爭，取其所棄，不亦君子乎？』若此之類，禮義之言也；『心跡之判久矣』，若此之類，造化之言也。」

莊子氣豪。若呂梁之事，言之至者也。《盜跖》言事之無可奈何者，雖聖人亦莫如之何。《漁父》言事之不可強者，雖聖人亦不可強。此言有為無為之理，順理則無

莊子的《齊物論》，免不了要進行比較。一比較就會有爭執，有爭執就會有不公平，有不公平就會有不和諧。

「無思無為」，是達到神妙而統一的境界。這就是所說的「照一個道理從始至終都不會改變」。聖人用這種方法來淨化心靈，退而深藏不露。

「遇到應該做的事，即使是老師也不必謙讓」，這是促使人進步的原則。

秦穆公攻打鄭國，失敗後有悔過自誓的言辭，這不僅僅是霸主的行為，幾乎接近了王道的境界，能夠悔過就沒有過錯了。這也是聖人將其記錄在《尚書》末尾的原因。

劉絢詢問甚麼是無為，回答說：「『到了該說話的時候才說話，人們不會厭惡他的話；到了快樂的時候才笑，人們不會厭惡他的笑；符合道義然後才索取，人們不會厭惡他的索取』，這就是所說的無為。瞽瞍殺了人，舜看待拋棄天下就像拋棄破舊的鞋子一樣，偷偷地背著父親逃走，沿著海濱居住，終身都心安理得地快樂忘記了天下。對於聖人來說，即使天下再大，也不能改變他對天性的愛。」

文中子說：「容易快樂的人必定多哀愁，輕易施捨的人必定喜歡爭奪。」有人問：「天下人都爭奪利益而捨棄道義，我獨自該怎麼辦呢？」文中子說：「『捨棄他們所爭奪的，取得他們所捨棄的，不也是君子的行為嗎？』像這樣的話，是談論禮義的言辭；『內心與行為的分離已經很久了』，像這樣的話，是談論自然造化的言辭。」

莊子的氣概豪邁。像呂梁之事，他說得極為透徹。《盜跖》篇講述了無可奈何的事情，即使是聖人也無可奈何。《漁父》篇講述了不可強求的事情，即使是聖人也不能強求。這

為，強則有為也。

金須百煉然後精，人亦如此。

佛氏棄君臣、父子、夫婦之道，豈自然之理哉？「志於道」者，統而言之。志者，潛心之謂也。德者，得於己，有形故可據。德主於仁，故曰依。

莊子曰：「庖人雖不治庖，尸祝不越樽俎而代之。」此「君子思不出其位，素位而行」之意也。

晉狐射姑殺陽處父，《春秋》書：「晉殺大夫陽處父。」上漏言也。君不密則失臣，故書「國殺」。

人得中和之氣，則剛柔均；陽多則偏剛，陰多則偏柔。

人之為道，當至於鬼神不能窺處，是為至矣。「作《易》者，其知盜乎？」聖人知天下萬物之理而一以貫之。

大羹可和，玄酒可漓，則是造化亦可和、可漓也。

有一日之物，有一月之物，有一時之物，有一歲之物，有十歲之物，至於百千萬皆有之。天地亦物也，亦有數焉。雀三年之物，馬三十年之物，凡飛走之物皆可以數推。人百有二十年之物。

些話闡述了有為和無為的道理，順應自然則無為，強求則有為。

金子需要經過多次冶煉才能變得精純，人也是如此。

佛教摒棄了君臣、父子、夫婦之道，這難道是自然的道理嗎？「志於道」，是概括的說法。志，是指潛心專注。德，是自己內心的收穫，因為有形所以可以把握。德以仁為主，所以說依靠。

莊子說：「廚師雖然不做飯了，但掌管祭祀的人也不會越過自己的職責去代替他做飯。」這就是「君子考慮問題不超出自己的職位，安於現在的職位去做事」的意思。

晉國狐射姑殺了陽處父，《春秋》記載為：「晉國殺了大夫陽處父。」這是漏寫了晉字。君主不謹慎就會失去臣子，所以記載為「國殺」。

人如果得到了中和之氣，就會剛柔相濟；陽氣過多就會偏向剛硬，陰氣過多就會偏向柔弱。

人遵循的道理，應當達到連鬼神都無法窺探的境界，這才是真正的極致。那些創作《易經》的人，難道他們知曉盜賊的心理嗎？聖人了解天下萬物的道理並且能夠一以貫之。

濃厚的肉湯可以調和，黑色的酒水可以濾清，那麼自然造化也是可以調和、可以濾清的。

有存在一天的事物，有存在一個月的事物，有存在一季的事物，有存在一年的事物，有存在十年的事物，以至於百千萬年都存在的事物都有。天地也是物，也有它的定數。麻雀是存活三年的物，馬是存活三十年的物，所有飛翔行走的生物都可以用數字來推算。人是存活一百二十年的物。

太極，道之極也；《太玄》，道之玄也；太素，色之本也；太一，數之始也；太初，事之初也。其成功，則一也。

易地而處，則無我也。

陰者，陽之影；鬼者，人之影也。

氣以六變，體以四分。

以尊降卑，曰臨；以上觀下，曰觀。

「毋意、毋必、毋固、毋我」，合而言之，則一；分而言之，則二。合而言之，則二；分而言之，則四。始於有意，成於有我。有意然後有必，必生於意；有固然後有我，我生於固。意有心，必先期，固不化，我有己也。

記問之學，未足以為事業。

智哉留侯，善藏其用。

思慮一萌，鬼神得而知之矣，故君子不可不慎獨。

「時然後言」，言不在我也。

學在不止，故王通云「沒身而已」。

誠者，主性之具，無端無方者也。

太極，是道的極致；《太玄》，是道的玄妙；太素，是顏色的本源；太一，是數的開始；太初，是事物的開端。它們成功的原因，都是一致的。

換位思考，就沒有自我了。

陰，是陽的影子；鬼，是人的影子。

氣有六種變化，體有四種形態。

以尊貴的身份去對待卑賤的人，叫做臨；從上面的角度去觀察下面，叫做觀。

「不要主觀臆斷、不要必定如此、不要固執己見、不要自以為是」，合起來說，就是一個道理；分開來說，就是兩個方面。合起來說，也可以看作是兩個方面；分開來說，就是四個方面。從有主觀意圖開始，到形成自我為中心結束。有了意圖然後才會有必定如此的想法，必定如此的想法產生於意圖；有了固執然後才會有自我為中心，自我為中心產生於固執。有意圖就會有心計，必定如此就會有所期待，固執就會不知變通，自我為中心就會只考慮自己。

僅僅依靠記憶和詢問得來的學問，不足以成就一番事業。

留侯真是明智，善於隱藏自己的才能和用途。

一旦產生思慮，鬼神都能知道，所以君子在獨處時不能不謹慎。

「到了該說話的時候才說話」，說話的主導權不在於我。

學習永無止境，所以王通說「直到終身」。

真誠，是主宰人性的工具，它沒有邊際也沒有固定的形態。